U0523309

基于景观格局效应的城镇建设用地扩张管制研究

孟霖 著

中国社会科学出版社

图书在版编目(CIP)数据

基于景观格局效应的城镇建设用地扩张管制研究/孟霖著.—北京：中国社会科学出版社，2022.8
ISBN 978-7-5227-0586-6

Ⅰ.①基… Ⅱ.①孟… Ⅲ.①城市建设—土地利用—研究—中国 Ⅳ.①F299.232

中国版本图书馆 CIP 数据核字（2022）第 133539 号

出 版 人	赵剑英
责任编辑	王 曦 李斯佳
责任校对	赵雪姣
责任印制	戴 宽

出 版	中国社会科学出版社
社 址	北京鼓楼西大街甲 158 号
邮 编	100720
网 址	http://www.csspw.cn
发行部	010-84083685
门市部	010-84029450
经 销	新华书店及其他书店

印 刷	北京君升印刷有限公司
装 订	廊坊市广阳区广增装订厂
版 次	2022 年 8 月第 1 版
印 次	2022 年 8 月第 1 次印刷

开 本	710×1000 1/16
印 张	12.75
插 页	2
字 数	168 千字
定 价	68.00 元

凡购买中国社会科学出版社图书，如有质量问题请与本社营销中心联系调换
电话：010-84083683
版权所有 侵权必究

摘　要

改革开放以来，我国工业化与城镇化快速推进，作为社会经济发展的重要载体，城镇建设用地扩张十分迅速，且外延扩张特征明显（杨杨等，2008），虽有利于满足区域社会经济继续发展的需求，但直接导致了区域景观格局的快速变化，对生态过程产生重要影响。不合理的城镇建设用地扩张方式必然引发景观格局的非健康演变，从而对生态安全造成威胁。因此，研究城镇建设用地扩张特征、分析城镇建设用地扩张的景观格局效应，探索基于景观安全保护的城镇建设用地模拟配置方案，对维护景观功能、保障区域可持续发展具有重要意义。学者对城镇建设用地扩张做了许多有益探索，对景观格局的研究也有了许多有效成果，但多是基于"城市化""城市扩张""建设用地扩张""土地利用变化"等进行的区域景观格局的变化与预测研究，缺乏针对城镇建设用地扩张的景观格局效应及城镇建设用地扩张模拟研究。

扬州市地处江苏省中部，长江下游北岸，江淮平原南端，位于北纬32°15′—33°25′、东经119°01′—119°54′之间，境内水系发达，林地众多，自然环境优越，是南京都市圈和长三角城市群城市，也是我国东部典型的生态型城市。作为中国最具活力的长江三角洲经济圈重要节点城市，扬州市交通便利，连接苏南、皖北，辐射苏北腹地，社会经济发展迅速，城镇建设用地扩张十分迅速，侵占了大量生产服务型与生态服务型景观，导致区域景观格局快速变化，生态过程随之改变。在当前"多规合一"的规划要求下，扬州市社会经济发展、生态保护等规划的多目标冲突明显。

因此，本书以江苏省扬州市为例，基于"驱动力—压力—状态—影响—响应"（DPSIR）模型构建论文的研究框架：外部驱动力和压力分别以间接与直接形式促使城镇建设用地状态发生变化，进而影响了区域景观格局，为避免城镇建设用地扩张对区域景观格局造成负面影响，应做出响应优化配置新增城镇建设用地。本书确定研究区土地利用分类、景观格局指数和合适的分析幅度；从内部与外部两方面分析城镇建设用地扩张的特征，基于景观格局指数分析城镇建设用地扩张的内部特征，从规模、强度、方向等方面研究城镇建设用地扩张的外部特征；基于通径分析，从供求角度识别影响城镇建设用地扩张的驱动力与压力因素；利用转移矩阵、回归分析、梯度分析等方法，研究城镇建设用地外延扩张规模、扩张强度、扩张方向对区域景观格局的影响；通过构建区域景观安全格局，利用ANN-CA模型模拟不同景观安全水平情景下的城镇建设用地扩张配置方案，保护区域景观生态安全。本书得出以下结论。

第一，景观格局特征分析结果。景观水平的景观格局研究表明，2005—2013年研究区的景观破碎度降低，但连通度也降低，景观形状趋于多元，景观多样性降低。原因可能在于伴随研究区社会经济不断发展，人类对城镇建设用地等生产、生活性用地的景观需求增高，人类的土地开发活动日益频繁，造成许多细小斑块被城镇建设用地等生产性用地合并，造成景观破碎度降低，连通性降低，多样性降低，形状越来越复杂。景观类型水平的景观格局研究表明，2005—2013年各景观类型的景观格局变化较大：耕地景观破碎度降低，连通性降低，形状趋于规则；林地、草地景观破碎度降低，连通性提高，形态趋于规则；水域景观破碎度降低，连通性提高，景观形态趋于复杂；农村居民点景观破碎度逐渐降低，连通性提高，形状越来越规则；农村居民点景观破碎度降低，连通性提高，形态逐渐规则；交通用地景观破碎度增加，连通性提高，形状偏离正方形；未利用地在扬州市分布极少，因而研究时段景观指数测度结果精确度不高，差异也并不显著。

第二，城镇建设用地扩张特征及影响机制研究结果。城镇建设用地扩张内部特征分析表明，2005—2013年，扬州市城镇建设用地景观破碎度逐渐降低，连通性提高，形状越来越规则；各区（县、市）城镇建设用地景观格局变化存在明显差异。城镇建设用地扩张外部特征分析表明，研究区城镇建设用地规模以中心城区为主要扩张核心区，同时存在仪征市真州镇、高邮市高邮镇与经济开发区、宝应县开发区等次级扩张核心区。随时间推移，不同扩张核心区城镇建设用地扩张规模存在差异；扬州市城镇建设用地扩张强度在不同时段的扩张核心区一致，围绕扩张核心区的集聚扩张特征表现明显；城镇建设用地扩张方向分析表明，南部与西南部地区城镇建设用地扩张强度明显高于北部地区，由市中心向外推进，表现为城镇建设用地"蛙跳式"扩张，形成多个次级波峰。城镇建设用地扩张影响机制研究结果表明，按综合作用大小排序，城镇建设用地扩张影响因子依次为到市中心距离、经济发展、人口增长、交通通达度、技术水平、政策制度、禀赋特征。其中，到市中心距离、交通通达度、人口增长、经济发展的直接通径系数大于其间接通径系数，是直接影响因子。禀赋特征、技术水平、政策制度的间接通径系数大于其直接通径系数，通过其他影响因素间接影响城镇建设用地规模，具有滞后效应；禀赋特征直接促进城镇建设用地扩张，但又通过区位条件、交通条件、人口增长等中介变量间接抑制城镇建设用地扩张；技术水平直接抑制城镇建设用地扩张，但以区位条件、交通条件、人口增长为中介变量间接促进城镇建设用地扩张；

政策制度直接与间接地促进城镇建设用地扩张，主要通过区位条件、交通条件、人口增长、经济发展等中介变量间接促进城镇建设用地扩张。

第三，城镇建设用地扩张的景观格局效应研究结果表明，扬州市城镇建设用地扩张过程中，耕地是扬州市城镇建设用地扩张的主要来源，其次为农村居民点和水域，分别占城镇建设用地扩张总量的55.73%、27.91%与8.39%。城镇建设用地扩张强度对景观格局影响结果表明，城镇建设用地扩张强度提高，会造成景观水平的破碎度降低，景观连通性上升，景观多样性降低；对耕地、林地、水域、农村居民点的影响较为显著，造成耕地、林地、水域景观破碎度提高，连通性下降，形状规则化；农村居民点景观破碎度降低，连通性提高，形状变规则。在城镇建设用地扩张主要方向上，城镇建设用地开发造成以城镇建设用地为基质的景观破碎度降低，连通性增强，景观多样性降低；受影响最大的景观类型是耕地、水域、农村居民点，其他景观类型由于分布较少，受影响较小。城镇建设用地扩张主要方向上，城镇建设用地扩张造成耕地、水域景观的破碎度降低，形状趋于规则，连通性降低；农村居民点景观伴随城镇建设用地扩张，其破碎度降低，形状规则，连通性提高。

第四，基于景观安全格局的城镇建设用地扩张模拟结果表明，不同情景下的城镇建设用地模拟扩张占用其他景观规模不同，但均占用农村居民点规模最大，其中，惯性发展情景下，模拟新增城镇建设用地以布局在低景观安全格局为主，占用耕地、水域、林地规模较大；基本保障情景下，模拟新增的城镇建设用地主要布局在中景观安全格局区域，较惯性发展情景比，占用耕地规模增加，占用水域、林地规模减小；最优保护情景与惯性发展情景、基本保障景观安全格局情景相比，占用耕地规模略大但集中于高景观安全格局区，新增占用水域规模、林地规模降低。不同情景下的景观格局也存在差异，惯性发展情景下，景观格局变化一定程度上有利于促进城镇化发展，但不利于耕地机械化生产，影响林地、水域生态服务功能；基本保障情景下，景观格局变化一定程度上有利于城乡社会经济发展，对非人工景观的破坏程度较惯性发展情景降低；最优保护情景下，景观格局变化更有利于区域社会、经济及生态发展。惯性发展情景下，应适当规划生态基础设施，严格划定永久性基本农田；基本保障情景下，应充分发挥景观安全格局的生态底线功能，引导城镇建设用地合理开发与布局；最优保护情景下，可通过存量建设用地挖潜等措施提高土地集约利用水平。

目 录

第一章 绪论 …………………………………………………（1）
  第一节 研究背景 …………………………………………（1）
  第二节 研究目标和研究内容 ……………………………（3）
  第三节 研究思路与技术路线 ……………………………（5）
  第四节 研究方法 …………………………………………（6）
  第五节 数据来源 …………………………………………（9）
  第六节 可能的创新与不足 ………………………………（10）

第二章 文献综述 ……………………………………………（11）
  第一节 景观格局研究 ……………………………………（11）
  第二节 城镇建设用地扩张特征研究 ……………………（13）
  第三节 城镇建设用地扩张影响因素研究 ………………（15）
  第四节 城镇建设用地扩张的景观格局效应研究 ………（17）
  第五节 基于生态保护视角的新增城镇建设用地
         模拟配置研究 ……………………………………（19）
  第六节 文献述评 …………………………………………（20）

第三章 基本概念与理论基础 ………………………………（22）
  第一节 基本概念 …………………………………………（22）
  第二节 理论基础 …………………………………………（26）

第四章 景观分类、景观指数选择与研究幅度确定……（33）

第一节 景观分类 ……………………………………………（34）

第二节 景观指数选择 ………………………………………（35）

第三节 研究幅度选择 ………………………………………（40）

第四节 扬州市景观格局特征分析 …………………………（45）

第五节 本章小结 ……………………………………………（60）

第五章 城镇建设用地扩张特征及影响机制研究 ………（62）

第一节 城镇建设用地扩张特征分析 ………………………（63）

第二节 城镇建设用地扩张影响机制研究 …………………（67）

第三节 扬州市城镇建设用地扩张特征及
影响机制分析 ………………………………………（94）

第四节 本章小结 ……………………………………………（111）

第六章 城镇建设用地扩张的景观格局效应研究………（113）

第一节 基于转移矩阵的城镇建设用地规模的
景观格局效应………………………………………（113）

第二节 基于回归分析的城镇建设用地扩张强度的
景观格局效应………………………………………（114）

第三节 基于移动窗口法的城镇建设用地扩张方向的
景观格局效应………………………………………（115）

第四节 扬州市城镇建设用地扩张的景观格局效应………（116）

第五节 本章小结……………………………………………（141）

第七章 基于景观安全格局的城镇建设用地扩张
多情景模拟研究……………………………………（143）

第一节 景观安全格局构建…………………………………（143）

第二节　基于ANN-CA的城镇建设用地扩张

　　　　多情景模拟 …………………………………（149）

第三节　扬州市城镇建设用地扩张多情景模拟…………（158）

第四节　本章小结 ………………………………………（170）

第八章　主要结论与政策建议……………………………（173）

第一节　主要结论 ………………………………………（173）

第二节　政策建议 ………………………………………（176）

参考文献……………………………………………………（179）

第一章 绪论

第一节 研究背景

城镇的产生来源于人们的社会经济活动,初始剩余农产品的交换场所便是城镇的雏形,当社会经济进一步发展时,城镇面积不断扩张,逐渐形成规模化、组团化的城镇集聚地,成为人类生产与生活活动的重要载体。改革开放以来,伴随着工业化与城镇化的快速推进,我国城镇建设用地迅速扩张,土地利用方式发生巨大变化。一定的土地利用方式与特定的土地利用单元结合,形成土地利用类型,不同土地利用类型的空间组合构成土地利用系统。土地利用系统构成要素空间分布的不均衡性,导致土地用途的分散性特征,从而形成不同的景观格局,故区域的景观空间格局是土地利用的结果(王万茂,2008;蔡青,2012)。城镇建设用地作为土地利用的一种方式,最初以零星斑块形式存在。伴随着社会经济的快速发展,城镇建设用地以不同规模、不同强度向不同方向迅速扩张,带动区域社会经济不断发展,形成大规模城镇建设用地集聚区。同时,地表的自然景观被人工与半人工景观所取代,即从由水、土与植被等要素组成的自然景观转变为由水泥、沥青、化工材料、金属等要素组成的人工景观,其他景观转换为城镇建设用地的速度也逐渐加快,并表现为单向性特征。城镇建设用地扩张对区域景观格局产生了重要影响。

根据"格局—过程"理论，景观格局反映了不同的景观生态过程，格局是各种景观生态演变过程中的瞬时表现。景观构成要素的形状、大小、数量和空间组合不仅影响生物物种的分布和运输，同时影响区域生态条件。景观格局也决定景观功能，不同景观格局或景观格局的动态演变导致区域景观功能发生变化，引致景观系统的能量流与物质流发生转变，进而改变生态系统物种的丰富度、分布和种群的生存能力与抗干扰能力，并影响区域社会、经济状态。因此，伴随社会经济的进一步发展，城镇建设用地的供给、需求规模不断增长，将不断改变区域景观格局，而景观空间格局的变化又会对区域自然、社会、经济发展产生影响。供求矛盾导致城镇建设用地盲目扩张，不合理的城镇建设用地扩张方式必然引发景观格局的非健康演变，从而对景观生态安全造成威胁。因此，研究城镇建设用地扩张的景观格局效应，并基于景观安全进行城镇建设用地模拟预测，对维护景观功能、保障区域可持续发展具有重要意义。

学者们对城镇建设用地扩张做了许多有益探索，对景观格局的研究也有了许多有效成果，但多是基于"城市化""城市扩张""建设用地扩张""土地利用变化"等进行的区域景观格局的变化与预测研究，缺乏针对城镇建设用地扩张的景观格局效应及模拟研究。因此，探讨并解释城镇建设用地扩张影响机制，分析城镇建设用地扩张特征，研究城镇建设用地扩张的景观格局效应，模拟城镇建设用地扩张趋势，有利于延展我国城镇建设用地扩张的研究深度，完善土地利用规划的科学研究框架与方法体系，同时为政府科学管控城镇建设用地规模、协调我国经济发展与生态安全矛盾、实现城镇建设用地资源的高效配置提供借鉴与参考，这对于最大限度减少城镇建设用地盲目扩张对自然景观的影响与破坏、寻求区域人地关系系统的协调与均衡发展具有重要意义。

第二节 研究目标和研究内容

一 研究目标

第一,根据研究内容和研究区特征,确定研究的土地利用分类、景观格局指数与合适的分析幅度。

第二,从城镇建设用地扩张的内部与外部两方面出发,研究城镇建设用地扩张的内部特征与外部特征;利用通径分析方法识别影响城镇建设用地规模扩张的直接作用与间接作用路径,深入探讨城镇建设用地扩张的影响机制。

第三,从城镇建设用地扩张规模、扩张强度、扩张方向三方面,研究城镇建设用地外延扩张对区域景观格局的效应。

第四,通过构建景观安全格局,模拟不同安全格局情景下的城镇建设用地扩张趋势,对比分析不同模拟情景下的景观格局变化。

二 研究内容

(一)景观分类、景观指数选择与研究幅度确定

首先,根据土地利用的相似性、分类的统一性、层次的科学性、地域的特征性,确定研究区土地利用分类。其次,定性分析城镇建设用地扩张对景观破碎化、景观连通性、景观形态、景观多样性的影响,从而选取破碎化、连通性、景观形态、景观多样性等方面的景观格局指数。最后,选择统计分析中的半方差函数,根据研究区土地利用格局,选择合适的分析幅度,抑制空间信息的冗余与噪声,避免有效信息的缺失。

(二)城镇建设用地扩张特征及影响因素识别

从内部特征与外部特征两方面分析城镇建设用地扩张特征。基

于景观格局，从破碎度、连通性、景观形状等角度选择相应的景观格局指数，分析城镇建设用地作为一种景观类型变化的内部特征；从城镇建设用地扩张规模、扩张强度、扩张方向等方面，研究会对区域景观格局造成影响的城镇建设用地扩张的外部特征；采用土地变更调查数据，运用空间叠置分析方法研究城镇建设用地的规模变化，通过扩张强度指数分析城镇建设用地扩张强度，借助扇形分析与圈层分析明确城镇建设用地扩张方向，并对比分析城镇建设用地扩张的区域差异。基于供求理论，从城镇建设用地供给与需求出发，构建城镇建设用地扩张的影响机制分析框架；从禀赋特征、技术水平、区位条件、集约程度、人口增长、经济发展、政策制度等角度选择影响城镇建设用地扩张的供给因子，从人口增长、经济发展等角度选择需求因子。基于通径分析方法，从直接影响与间接影响两方面研究区域城镇建设用地扩张的压力与驱动力，为城镇建设用地管控政策的合理制定奠定基础，并为后文城镇建设用地模拟配置提供依据。

（三）城镇建设用地扩张的景观格局效应研究

从景观破碎度、连通性、形状、多样性等方面，选取具有生态意义的景观指数，分析基于景观水平与景观类型水平的区域景观格局变化规律；运用 ArcGIS 空间分析功能，通过对研究区域不同时期土地利用现状图的空间叠置，构造土地利用类型转移矩阵，分析城镇建设用地扩张规模对景观格局的影响；运用回归分析，研究城镇建设用地扩张强度对景观格局的影响；根据区域城镇建设用地扩张方向确定扩张的主要轴线，结合区域特征划定研究样带，运用基于移动窗口法的梯度分析模型，研究城镇建设用地扩张方向对区域景观格局的影响。

（四）基于多情景分析的城镇建设用地扩张模拟

借助人工神经网络的自动机模型（ANN-CA），模拟不同安全格局水平情景下 2020 年新增城镇建设用地空间布局：以土地利用总体规划 2020 年城镇建设用地规划目标作为城镇建设用地规模约束；基于景观的生态系统服务功能，构建基于粮食安全格局、防洪安全格局、生物保护安全格局、游憩安全格局的景观安全格局，并划分为高、中、低三级，作为 ANN-CA 模拟时多情景下的元胞空间；以城镇建设用地扩张影响因素分析结果为基础，制定 ANN-CA 模拟的适宜性规则；模拟不同景观安全格局水平情景（惯性发展情景、基本保障情景、最优保护情景）下的新增城镇建设用地多情景空间配置趋势。

第三节 研究思路与技术路线

一 研究思路

本书基于"驱动力—压力—状态—影响—响应"（DPSIR）模型构建研究框架。外部驱动力和压力分别以间接与直接形式促使城镇建设用地状态发生变化，进而影响了区域景观格局。为避免城镇建设用地扩张对区域景观格局造成负面影响，应做出响应优化配置新增城镇建设用地（见图 1-1）。

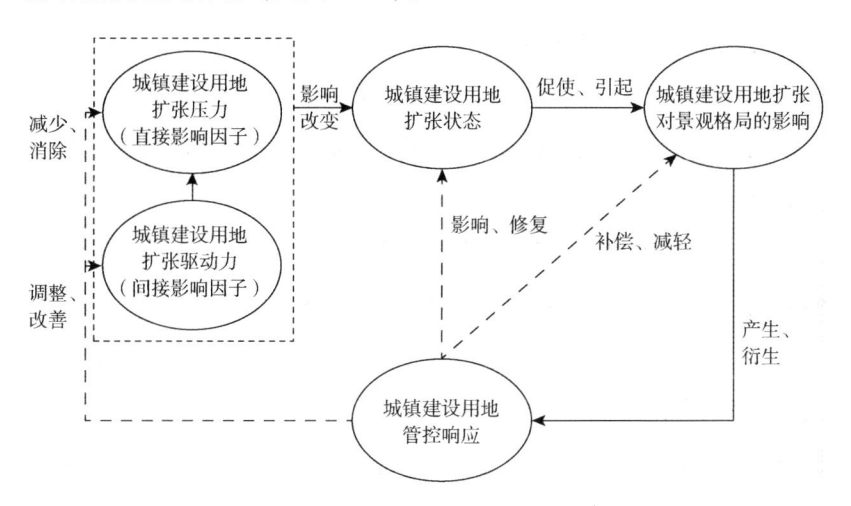

图 1-1 DPSIR 的研究框架

二 技术路线

本书基于通径分析，从供求关角度挑选影响因子，识别影响城镇建设用地扩张的驱动力（间接）与压力（直接）影响因素；从内部与外部特征两方面分析城镇建设用地的扩张特征；利用转移矩阵、回归分析、梯度分析等方法研究城镇建设用地的扩张规模、扩张强度、扩张方向等外部特征对区域景观格局的影响；通过构建区域景观安全格局，利用 ANN-CA 模型模拟不同景观安全水平情景下的新增城镇建设用地空间配置趋势（见图 1-2）。

第四节 研究方法

一 文献研究法

文献研究法是指通读现有文献，了解相关研究动态，总结主要研究成果，是明确研究目标、研究任务、研究思路与研究方法最重要的基础性工作。通过查阅国内外相关研究领域的专家与学者依托重大课题所发表的论文、著作等科研成果，并对其进行归纳、整理、分类与总结，根据研究目标选择性借鉴其优秀研究结论、研究方法等研究成果，发掘其研究中的不足，深入剖析其中的问题，以支撑现有研究的开展。本书通过收集城镇建设用地扩张影响因素、城镇建设用地扩张特征、城镇建设用地扩张效应、城镇建设用地扩张模拟等研究领域的相关文献，了解其发展历史与研究进展，结合当前我国城镇建设用地扩张过程中对区域景观格局安全维护与优化的要求，进而确定相关研究目标、研究框架、研究方法等。

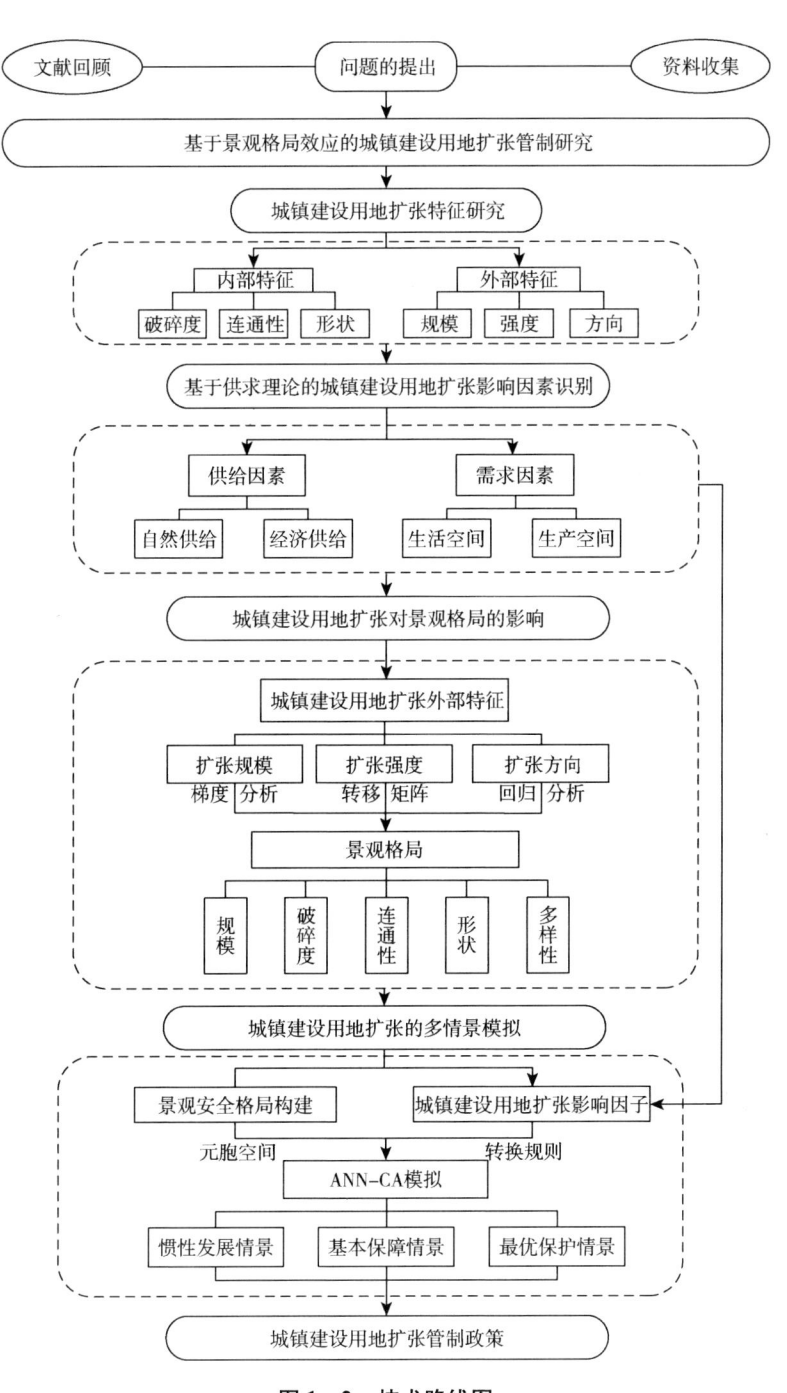

图 1-2 技术路线图

二 定性与定量相结合方法

定性分析有利于深入剖析研究对象的本质内涵与发生机理，是定量分析的理论支撑。定量分析通过一定的计算模型，可准确表现研究对象系统与组成的关系及其变化，科学验证定性分析的科学性与准确性。两种方法互补长短，可提高科学研究的可靠性与可信度，因此，定性与定量分析被广泛应用于大部分科学研究中。故本书采用定性与定量相结合的方法，城镇建设用地扩张影响机制分析框架、景观格局指数选择、景观安全格局构建等均属于定性分析；而城镇建设用地景观格局变化，城镇建设用地扩张规模、扩张强度、扩张方向、区域景观水平及景观类型格局特征分析，城镇建设用地扩张与景观格局关系研究，城镇建设用地模拟等均属于定量分析。城镇建设用地的扩张影响机制、扩张特征、景观格局效应、扩张模拟等研究是在定性与定量分析相结合的研究方法之下完成的。

三 数学模型法

数学模型分析法是指根据研究对象的数量关系与演变特征，通过数据收集与整理构造数学模型并用数学方法表现出来。本书选用了多种数学模型分析研究内容：运用通径分析与逐步回归分析，测算影响因子对城镇建设用地扩张的作用路径；通过回归分析，得到城镇建设用地扩张与相应景观格局指数之间的定量关系；基于生态服务价值构建景观安全格局，其中防洪安全格局、生物保护安全格局、游憩安全格局均利用层次分析法测算得到；城镇建设用地扩张模拟基于已有景观安全格局分析结果，通过运用 ANN-CA 模型模拟 2020 年不同情景下的新增城镇建设用地空间配置。

四 对比分析法

对比分析法通过对比研究对象在不同条件下的研究结果,有利于把握研究结果的准确性与科学性,提高研究结论的深度。本书在城镇建设用地扩张影响因素研究中,对比分析了不同因子的作用力大小及不同影响因子之间的作用强度与作用路径差异;在城镇建设用地扩张特征分析中对比分析了不同年份、不同区域的扩张特征差异;在城镇建设用地扩张的景观格局效应研究中,对比分析了城镇建设用地扩张对不同景观类型的效应;在城镇建设用地扩张模拟中,对比分析了不同情境下的模拟结果。

第五节　数据来源

本书中扬州市 2005 年、2009 年、2013 年土地利用现状图来源于中国科学院地理科学与资源研究所。第五章"城镇建设用地扩张特征及影响机制研究"中,距生态保护区距离、距基本农田保护区距离、距公路距离等空间数据取自《扬州市土地利用总体规划(2006—2020 年)》;扬州市 DEM 图与扬州市 2005 年、2009 年、2013 年土地利用现状数据取自扬州市自然资源和规划局调研结果;坡度数据取自扬州市 DEM 图,距建成区距离、距水域距离、距公路距离等空间数据取自扬州市 2013 年土地利用现状图;工业技改投入、城镇人口数量、固定资产投资额、第二产业增加值、第三产业增加值等社会经济数据来源于 2006—2014 年《扬州统计年鉴》及各区(县、市)统计年鉴。

第六节　可能的创新与不足

一　可能的创新

第一，利用通径分析，分析影响城镇建设用地扩张的直接作用因子与间接作用因子。

第二，借助转移矩阵、回归分析模型、移动窗口分析等方法，分别从扩张规模、扩张强度、扩张方向等方面测度城镇建设用地扩张的景观格局效应。

第三，基于生态服务价值理论构建区域景观安全格局，划定不同的景观安全格局水平情景，利用 ANN-CA 模型模拟不同情景下城镇建设用地的扩张趋势。

二　可能的不足

1. 数据收集

受数据可得性限制，本书仅从市级尺度分析了一定时间尺度内的城镇建设用地扩张特征、影响机制、景观格局效应，而没有以省、全国等宏观尺度样本为例，研究长时间尺度的城镇建设用地扩张特征、影响机制、景观格局效应，这可能会降低研究结论的应用价值，对此，仍有采用更大时空尺度范围的数据进行分析的必要。

2. 研究方法

受作者个人知识水平限制，本书在研究城镇建设用地扩张影响机制时，仅挑选了部分指标进行分析，一定程度上影响了城镇建设用地影响机制测算结果的准确性，这也是作者在未来的学习和工作中需要进一步研究、克服的关键问题。

第二章 文献综述

第一节 景观格局研究

　　景观格局由景观整体或景观类型要素的种类、数量、空间形态、空间布局等共同决定，包括景观多样性、破碎化、连通度、优势度等特征。景观格局变化研究有利于掌握区域景观变化的规律和特征，了解景观格局发生变化的原因及其作用效果（陈玉福等，2003；Jane，S. et al.，2003）。景观格局分析多通过一定的技术手段，收集和处理景观数据，分析景观特征，揭示景观空间配置以及动态变化趋势（Li，H. et al.，1995），大致可分为景观指数法和空间统计分析法。前者主要针对空间上的非连续景观数据，描述景观整体或某一景观要素的多样性、破碎度、连通性等景观异质性特征差异，定量描述景观格局变化特征；后者主要以空间上的连续景观数据为研究对象，比较景观中空间数据的统计分布规律，包括空间自相关分析、半方差分析、趋势面分析、小波分析等。景观格局指数分析法是描述景观格局特征最为普遍的一种研究方法，可高度浓缩研究区的景观格局信息，有效建立景观格局与景观过程之间的关联，因此被广泛应用于景观格局分析中。Fragstats软件是景观格局指数研究的基本分析工具，该工具可计算基于景观水平、景观类型水平和斑块水平的多种景观格局指数，被广泛应用于景观格局分析中。由于斑块水平的景观格局指数不具生态意义，因此现有研究多围绕景观水平和景观类型水平展开（刘桂林等，2014）。Hietala-Koivu，R. 从景观水平与景观类型水平层面，选取斑块密度、平均斑块面积、斑块形状指数等景观指数研究了芬兰小尺度的农业景观结构的变化情况（Hietala-Koivu，R.，1999）；Hanners，P. 从景观水平角度，选择了香农多样性指数、辛普森多样性指数等景观多样性指数，对20世纪Estonia地区的景观格局多样性的变化特征进行了研究，研究结论表明景观多样性存在地域差异（Hannes，P.，1998）；周华峰、傅伯杰等学者也从景观水平选用景观斑块数量、聚集度、香农多样性、香农均匀度等指数，研究人类活动干扰下的北京东灵山区景观格局动态变化特征（周华峰等，1999）；陈文波等从景观水平挑选斑块数量、斑块密度、最大斑块指数、景观面积分维等景观指数，研究辽河下游的景观格局动态变化及其驱动因素（陈文波等，2002）。

"格局—过程—尺度"作为景观生态学的核心，成为景观格局分析的重要模块。景观的过程产生格局，格局反作用于过程。因此，景观的格局与过程相互作用，且二者均具有尺度依赖性。尺度存在于任何景观格局与过程中，通常是指研究区研究对象的面积大小（空间尺度）或其动态变化的时间间隔（时间尺度）（肖笃宁等，1997）。在景观生态学研究中，研究尺度可以表现为一定的空间粒度、幅度以及特定的时间间隔，常用分辨率或研究范围表达，反映了对研究对象的分析深度。根据景观生态学的等级理论，任何一种尺度的生态过程和性质都受选择的尺度影响，景观格局依据其特定的尺度而表现为不同的特征，因此离开尺度研究的景观格局分析是没有意义的（Schneider，D. C.，2001）。尺度研究根本目的是揭示过程和格局中的规律性，信息伴随研究区域的粒度和幅度变化而增加或丧失（高凯，2010）。因此，景观格局的多尺度研究成为景观生态学的研究重点。由于景观指数法只能用于非连续的空间变量分析，而多尺度数据为研究区景观格局的连续变化数据，因此多采用空间统计分析与景观指数分析相结合的方法，研究区域的尺度效应。如赵文武等以延河流域为研究对象，探讨了不同比例尺条件下的景观指数与研究粒度之间的关系（赵文武等，2003）；杨丽等以泾河流域为研究对象，选择了具有代表性的 7 个景观指数，确定了 1∶10 万比例尺下的最优粒度水平（杨丽等，2007）；刘国顺等利用地统计学方法，分析了缓坡地区的土壤养分随研究幅度变化产生的空间变异，为山地烟田种植与管理提供了依据（刘国顺等，2013）；薛冬冬等运用地统计分析，研究了不同幅度下的南京中山风景区景观格局差异，确定了最优研究幅度（薛冬冬等，2012）；傅丽华等运用小波分析模型，以湘江作为典型研究样带，对样带内的典型样线进行分析，研究时间及空间位置变化对土地利用研究中特征尺度值的作用差异（傅丽华等，2012）。

第二节 城镇建设用地扩张特征研究

城镇建设用地扩张是社会经济发展的需求，是城市发展在空间形态上的具体体现与显著特征，被诸如地理学、土地科学、城乡规划学等多种学科共同关注。识别城镇建设用地扩张特征，有利于总结城镇发展过程中的经验，识别过程中存在的问题，为优化城镇建设用地空间格局、实现土地资源可持续利用奠定基础。目前国内外对城镇建设用地扩张特征的研究主要围绕城镇建设用地的规模变化、结构变化、功能变化、布局变化等方面进行（瞿诗进等，2017；赵渺希等，2016）。

由于国外城市发展较早，国外学术界针对城镇建设用地扩张特征的研究开启也较早,他们系统地提出了一系列理论基础,指导城镇建设用地扩张特征的研究。20世纪20年代,多位学者基于生态学相关理论,提出了系统的城市土地利用理论研究,并逐渐发展为历史形态学派、区位经济学派、政治经济学派等不同的研究方法和理论派系,且进一步总结出城镇建设用地扩张的三大模式,即"同心圆模式""扇形模式"以及"多核心模式"(许学强等,2009)。这三种模式从城市功能区组合的角度研究城镇建设用地扩张特征,较好地从空间形成、演变规律等方面解释了西方国家城镇建设用地扩张特征,为合理及有效开发与利用城镇建设用地提供了理论依据。随着社会经济迅速发展,城镇建设用地规模急速增长,其指导理论也逐渐完善与发展。20世纪90年代以来,针对如何控制城镇建设用地扩张,逐渐发展并形成了新都市主义、可持续发展、精明增长、紧凑发展等多种理论(史培军等,2000;倪绍祥等,2002)。

国内的城镇建设用地扩张研究起步较晚,仅始于20世纪80年代后期。伴随一系列土地改革政策的相继施行,国内的土地市场活动逐渐旺盛,房地产行业迅速发展,城镇建设用地迅速扩张,城镇建设用地的合理开发与科学管控方法日益受到学术界关注(徐辉,2008)。国内学者多基于遥感(RS)和地理信息系统(GIS)等空间信息采集与分析技术,从宏观(全国)、中观(区域)、微观(城市)等不同尺度,以行政区、网格等为基本评价单元,采用空间分析与回归分析等方法,从规模、速度、扩张模式、方向等角度系统研究了城镇建设用地的扩张特征(渠爱雪等,2013)。从宏观尺度研究方面,曾馨漫等运用探索性空间数据分析和空间计量经济模型,发现京津冀地区城市群城市扩张非常迅速,新增城市用地主要以各市中心和高速公路为扩张中心,呈圈层式或轴线式扩张,且城市用地扩张呈现显著空间自相关,空间分异性与空间集中性明显

（曾馨漫等，2015）。从中观尺度研究方面，刘桂林等基于景观格局分析，系统研究了1980—2010年苏南地区城镇扩张特征，并将其划分为填充型、边缘增长型和跳跃型三种扩张模型（刘桂林等，2014）。国内微观尺度研究较多，如王伟武等通过扩展强度指数、方向及其侵占其他用地情况等方法，研究了杭州市1991—2008年城市用地扩张情况（王伟武等，2009）。

第三节　城镇建设用地扩张影响因素研究

社会经济的快速发展导致其重要载体——城镇建设用地的规模迅速扩张，在支撑社会经济快速发展的同时，引致了耕地流失、环境污染等一系列问题（刘瑞等，2009；赵志威等，2017）。识别城镇建设用地扩张驱动因素，对引导城镇发展和控制城镇建设用地扩张具有重要意义（冯科等，2010；王婉晶等，2013）。

17世纪中叶，国外学者陆续提出的地租理论、区位理论、中心地理论初步阐明了影响城镇建设用地扩张的几个基本因素（谈明洪等，2004）。英国的古典政治经济学家威廉·配第在其论著《赋税论》中指出，地租是劳动剩余的产物，并且是剩余价值的真正形态。后经杜尔哥、亚当·斯密、大卫·李嘉图等人的完善与发展，形成了系统的资本主义地租理论。18世纪上半叶，德国经济学家杜能提出并初步建立了农业区位理论和区位地租理论，该理论阐述了级差地租的概念，提出区位因素是影响土地资源空间配置的重要因素，并进一步揭示了土地利用结构形成的机制；20世纪初期，德国经济学家韦伯根据农业区位理论，建立了"工业区位论"，提出区位条件决定了工业企业的选址。中心地理论是由德国地理学家克里斯泰勒于19世纪初提出的，该理论系统阐明了城市的等级形态、空间分布，城市中工商业的空间分布规律以及空间均衡的优化模式

（毕宝德，2006；杜能等，1986；李昶，2013）。基于这三个理论，城镇建设用地扩张影响因素体系逐渐完善（Kasper, K. et al., 2001；Longcore, T. R. et al., 1996）。

改革开放以来，我国工业化与城镇化快速推进，研究区域城镇建设用地扩张的影响因素有利于完善城镇建设用地规模管控政策、科学制定土地利用规划的指标管控体系（王晋年等，2011；黄大全等，2014）。国内现有城镇建用地影响机制研究基本采用"影响因子选择—影响力定量测算"的模式测度，影响因子选择时，多从"社会—经济—自然"角度，构建影响机制指标体系（Wu, J. J., 2006；Kessides, C., 2005），部分学者尝试基于"成本—收益"理论挑选城镇建设用地扩张的主要影响因子（刘涛等，2011；高金龙等，2014），也有学者从"内部—外部"作用力角度建立城镇建设用地扩张的影响指标体系（杨杨等，2008）；城镇建设用地扩张影响因素的影响力多运用定性分析（杨显明等，2015；彭月等，2011；秦鹏等，2012）、相关分析（赵可等，2011；郗凤明等，2010）、多元回归分析（陈玉福，2012）、对应分析（邓胜华等，2010）、Logistic 模型（黄大全等，2014）等方法定量测算。如黄大全等以北京市昌平区为例，采用 Auto-Logistic 模型研究地形、区位、可达性、社会经济、政策影响因素对土地从非建设用途转变为城镇建设用地的影响作用（黄大全等，2014）；陈利根等以马鞍山市为例，通过统计描述、定性分析，系统研究了人口城市化水平、经济发展水平、产业结构调整与城镇建设用地规模之间的关系，并提出经济发展过程中关于合理确定和控制城镇建设用地规模的政策建议（陈利根等，2004）；张雅杰等基于 DEA-ESDA-GWR 研究框架，探究了经济发展水平、城镇化水平、产业结构、政府干预程度、外商投资水平 5 种因素作用于城市建设用地规模的影响机理（张雅杰等，2015；安杰尔·什洛莫，2015）。

第四节 城镇建设用地扩张的景观格局效应研究

城镇建设用地扩张的直接结果是导致该区域内的土地利用和土地覆盖发生剧烈变化（Carlson, T. N. et al., 2000），地表形态的变化必然会造成具有重要生态功能的土地利用/土地覆盖类型改变，从而对区域生态系统结构和种群产生根本性的影响（姚华荣等，2003）。在城镇建设用地扩张的过程中，一方面，通过调整城市内部的土地利用方式对城市发展进行影响；另一方面，伴随城镇建设用地外延扩张，导致其邻域内城镇建设用地的重要经济供给来源景观被不断侵占，逐渐向城镇建设用地转化，因为后者扩张成本相对较低，所以成为城镇建设用地扩张的主要方式（增辉等，2000）。城镇建设用地扩张并不只是规模的增长，其外延扩张还会导致一系列下垫面变化，进而改变区域景观格局（Levin, S. A., 1992）。城镇建设用地扩张区域的景观格局变化一方面可以反映人类活动对区域景观的作用强度、频率、范围；另一方面也通过改变城镇扩张区域的景观生态过程而改变其生态系统的健康程度（Redman, C. L., 1999）。

城镇建设用地扩张是城市化的重要表现之一，现有研究多通过研究城市化发展较为迅速的地区景观格局的变化特征，作为城镇建设用地扩张的景观格局效应，揭示城市化规律，深刻把握城市中城镇建设用地景观格局及其邻域景观类型格局之间的互动关系（Wu, J. et al., 2002; Yrh, A. G. O. et al., 2001; 陈利顶等，1996; 李贞等，1997）。从景观水平角度，城市的景观格局是各种景观类型要素的组合，并表现出一定的组合形态，Wenson, J. J.、Huang, S.等研究表明，城市的景观格局特征具有其特殊性：①城市景观的生物生产能力有限，其景观功能较为单一，主要发挥社会、经济发展功能，较为适宜人类活动旺盛的高密度人口集聚区；②城市的景观类型受资源禀赋约束较小，主要受人类活动影响，人类通过规划、经济、社会活动，对城市景观类型的规模、结构比例、空间布局根据发展目标进行改造，因此对城市景观类型起到决定性作用；③随着社会经济不断发展，人口规模不断增长，城市的景观类型组合发生频繁重组，并且其外延扩张规模将不断增加；④城市内部各种景观类型镶嵌分布，且各个景观类型之间无明显过渡的生态廊道，但其信息交流可通过交通系统等人工景观实现（Jennifer, J. S. et al., 2000; Huang, S. et al., 2001）。

此外，通过研究城市中景观格局的梯度变化，可深入了解城市扩张过程中的景观格局效应。城市一般以城市中心为扩张源点，由中心向外部延伸，其中的社会经济活动频率逐渐降低，相应的社会经济活动方式也会发生变化，导致城镇建设用地的开发活动具有差异性。城市扩张中心人口密集，高等建筑遍布，配套大量商业基础设施；受级差地租影响，城市中心外围则开发较多居住用地，配套大型公园，同时分布大量工业区。因此，城市中心的景观类型较为简单，基本为形状规则的城镇建设用地。而到城市中心外围地区，城镇建设用地逐渐减少，农村居民点等其他景观类型增多，区域景观格局差异性增加。因此，科学识别城市内部景观格局的梯度分异特征，探讨这种特征的驱动机制，有利于深入了解区域景观格局特征。张驰等基于多源遥感数据，采用邻域分析法，判别特定物种群落的空间分布格局，发现不同城市扩张方向上，群落热点的发生频率、幅度存在差异，且某一聚落当前的萎缩热点区域与前一时刻增长热点区域重叠，证明城市化影响聚落增长与重组（张驰等，2009）；陈虹等基于对聚落集中的景观类型斑块的演变形势的划分，分析了各景观类型斑块沿城乡梯度带分布的景观格局，证明梯度带上的聚落随区位变化表现为不同的行为方式与特征（陈虹等，2008）；孙娟、夏汉平等通过划定城市建成区缓冲带,利用景观格局指数分析方法,分析了广西贵港市近20年来城市建成区的景观水平及其内部主要城市景观类型的景观格局梯度变化特征及差异(孙娟等,2006);朱明、徐建刚等利用2002年上海市土地利用变更图,基于梯度分析方法,探讨了城市景观格局随空间幅度变化而产生的差异,研究结果表明,景观格局指数随着梯度带空间幅度变化表现出不同的变化规律(朱明等,2006)。

第五节　基于生态保护视角的新增城镇建设用地模拟配置研究

城镇建设用地扩张模拟通常是指通过一定模拟模型与空间处理技术手段,对未来的城镇建设用地时空发展进行模拟预测,以期为未来城镇建设用地管理与调控提供决策支持,是城镇建设用地扩张研究的重要内容。改革开放以来,我国工业化与城镇化快速推进,作为社会经济发展的重要载体,城镇建设用地扩张十分迅速,且外延扩张特征明显(杨杨,2008),导致耕地、水域、林地等重要的生态服务型景观被侵占,区域生态安全面临严重威胁(翟腾腾等,2014;Seto, K. C. et al., 2012)。城镇建设用地扩张模拟可通过一定模型或技术手段,对未来的城镇建设用地时空发展进行拟合,这为城镇建设用地管理与调控提供了决策支持(陈伟强等,2017)。如何在生态保护的限制条件下,对城镇建设用地扩张进行多情景模拟,寻求城镇建设用地的最优配置方案,是实现土地利用结构优化调整、保障区域可持续发展的重要议题(吴巍等,2013)。

近年来,伴随"反规划"理论的提出,从生态保护视角探索新增城镇建设用地的模拟配置方案成为当前学术界的研究热点(马世发等,2015;黄金川等,2017)。其中,构建生态安全格局作为区域生态环境的基本保障和重要途径，成为指导城镇建设用地有序扩张的重要依据（王思易等，2013）。学者们针对生态安全格局的概念、理论基础、构建原则与方法等展开了大量研究（马克明等，2004；黎晓亚等，2004）。俞孔坚等学者以景观格局与过程的相互作用机制为核心，建立了以生态基础设施为基础的景观安全格局，进一步优化了生态安全格局构建的理论基础与方法（俞孔坚等，2005；俞孔坚等，2007），并将其应用于城市生态底线划定、城市增长预警、城乡统筹发展等方面（俞孔坚等，2006；俞孔坚等，2010），为城镇建设用地的科学管控与精明增长提供了重要的科学依据（王思易等，2013；张利等，2015）。同时，现有研究中常用的城镇建设用地扩张模拟模型主要包括元胞自动机（CA）模型、人工神经网络（ANN）模型、马尔科夫（Markov）模型、系统动力学（SD）模型、CLUE-S模型、灰色系统分析模型等（傅伯杰等，2011），其中，元胞自动机（CA）模型是近年来新兴的土地利用结构预测方法，具有较强的空间分析与表达能力，成为城镇建设用地扩张模拟的主流方法（龙瀛等，2008；高玉宏等，2010；Li，X. et al.，2002）。但CA模型无法反映元胞状态、转换规则及邻域元胞特征，所以降低了模拟精度（张翔等，2014；Li，X. et al.，2004）。黎夏等学者结合神经网络（ANN）进一步构建了神经网络—元胞自动机（ANN-CA）模型，利用神经网络训练获取土地利用变化规则，替代CA模拟过程中的人工参数设置，提高了传统CA模型的模拟精度，被逐渐运用于城镇建设用地模拟与预测研究中（陈伟强等，2017；郑荣宝等，2012）。

第六节　文献述评

总结现有研究，我们可以发现：

第一，国内城镇建设用地影响机制研究中，对影响因子之间的相互作用及其对城镇建设用地扩张的直接影响、间接影响机制缺乏深入的探讨，弱化了对城镇建设用地扩张影响机制及其作用路径的理解。

第二，现有研究在城镇建设用地扩张特征与模拟方面进行了有益探索，在区域景观格局特征研究、景观尺度研究、景观预测研究等方面也取得了较多成果，但多基于"城市化""城市扩张""建设用地扩张"等背景下研究区域土地利用变化对景观格局的影响，对城镇建设用地扩张所导致的景观格局效应研究较少。

第三，现有研究基于景观安全格局指导城镇建设用地配置时，仅应用于建设用地管制区的划定，对城镇建设用地配置的指导精度不足；在应用 ANN-CA 模拟城镇建设用地扩张时，城镇建设用地可拓元胞空间的设定缺乏划定依据，一定程度上降低了城镇建设用地扩张模拟的合理性。

第三章 基本概念与理论基础

第一节 基本概念

一 土地

土地的概念取决于人类和学科对土地的认知，由于土地既是自然因素（自然资源和环境要素），又是自然物的垂直系统，因此一般有广义和狭义之分。狭义的土地没有空间概念，只是指含有陆地、水域的平面土地，而广义的土地具有空间概念，是指包含地上与地下空间的大气圈、生物圈、岩石圈的复合系统。本研究采用狭义的土地概念，主要研究不具有空间概念的平面土地。土地可以分为四个层次：一是土地作为大自然提供的自然资源物质，具有先于生物与人类等生命系统而存在的最基本的生态环境要素；二是土地作为具有生产功能的资源，是劳动对象、人工生态系统和最基本的自然资源；三是土地具有行政概念，又可作为"国土"，又称"领土""国土资源"；四是基于上述三个层次的土地整体，可以被认为是整体的土地综合概念和内涵。

二 建设用地

建设用地是土地利用分类的重要组成部分，不同时期、不同区域社会经济发展及土地管理方式的差异会造成建设用地内涵存在差异。社会经济不断发展引导建设用地分类不断细化与增补，土地管理方式与需求的差别化造成不同管理部门的建设用地分类标准存在差异。根据我国学术界已有研究以及土地资源管理实践，城镇建设用地定义多采用国土资源部 2002 年 1 月颁发的《全国土地分类》（过渡期间适用）中的相关描述：建设用地是指建造建筑物、构筑物的土地，是支撑区域商业、工业、餐饮业等经营性产业与服务型产业的建筑及其配套基础设施用地，包括居民点及工矿用地、交通运输用地、水利设施用地三个二级地类，并下设 13 个三级地类（见表 3-1）。

表 3-1　　　　2002 年《全国土地分类》（过渡期间适用）

一级类		二级类		三级类		定义
编号	名称	编号	名称	编号	名称	
2	建设用地	20	居民点及工矿用地			建造建筑物、构筑物的土地，是支撑区域商业、工业、餐饮业等经营性产业与服务型产业的建筑及其配套基础设施用地
				201	城市	指城市居民点占用的土地
				202	建制镇	指设建制镇的居民点占用的土地
				203	农村居民点	指镇以下的居民点占用的土地
				204	独立工矿用地	指民点以外的各种工矿企业、采石场、砖瓦窑、仓库及其他企事业单位的建设用地
				205	盐田	指以经营盐业为目的的盐厂及附属设施用地
				206	特殊用地	指民点以外的国防、名胜古迹、风景旅游、墓地、陵园等用地
		26	交通运输用地	261	铁路用地	指用于运输通行的地面线路、场站等用地；指铁道线路、轻轨及场站用地，包括路堤、路堑、道沟及护路林等
				262	公路用地	指国家和地方公路（含乡镇公路）用地，包括路堤、路堑、道沟、桥梁及护路林等
				263	民用机场	指民用机场及其相应附属设施用地

续表

一级类		二级类		三级类		定义
编号	名称	编号	名称	编号	名称	
2	建设用地	26	交通运输用地	264	港口码头用地	指用于人工修建的客运、货运、捕捞及其他工作船舶停靠的场所及附属设施的用地
				265	管道运输用地	指用于运输煤炭、石油、天然气等管道及其相应附属设施的地上部分用地
		27	水利设施用地	271	水库水面	指用于修建水库、水工建筑物及其相应附属设施的土地； 指人工修建总库容大于10万立方米的水库正常蓄水位岸线所围成的水面
				272	水工建筑用地	指除农田水利设施以外的人工修建的闸、坝、堤路林、水电站、扬水站等常水位岸线以上的建筑物用地

资料来源：自然资源部。

三　城镇建设用地

参考2002年《全国土地分类》（过渡期间适用）与2007年《土地利用现状分类》中的相关定义，本书中的城镇建设用地是指城镇各项建设事业所需要使用的土地，是商业、金融业、餐饮旅馆业及其他经营性服务业建筑及其相应的附属设施用地的集合，包括城市、建制镇、采矿用地。其中，城市是指城市居民点以及城市连片的和区政府、县级市政府所在地镇级辖区内的商服、住宅、工业、仓储、机关、学校等单位用地；建制镇是指建制镇居民点，以及辖区内的商服、住宅、工业、仓储、学校等企事业单位用地；采矿用地指采矿、采石、采砂（沙）场、盐田、砖瓦窑等地面生产用地及尾矿堆放地。

四　景观生态

生态学中的景观分为狭义与广义两种界定方式，狭义的景观是指一定尺度范围内（几十米至几百千米），由各种生态系统相互组合而成的、具有差异性及相同性格局的地理单元，其气候、社会、经济、生物等文化综合体或自然综合体进一步组合成为区域；广义景观是指所有尺度范围内（微观到宏观）所有异质性的空间单元。与狭义景观相比，广义景观更强调景观格局的异质性，并根据研究目标、研究对象、研究方法的选择差异，景观的绝对空间尺度随之变化。本书采用狭义的景观定义，研究一定尺度范围内的区域景观特征。在区域长期的生态过程作用下，将一定的景观要素类型、数目、空间分布进行排列组合，导致景观结构发生变化，致使不同的景观结构成分之间的空间关系出现基本规律。景观格局与生态过程之间相互反馈，具有复杂的关系。同时，景观格局条件决定了区域生态过程，区域中景观的各种空间组合关系与各种社会经济活动相互作用，导致景观格局发生变化，进而影响地表中物质流、能量流、信息流等传输与交换的过程，改变各种非生物与生物要素生境与人类生境之间的相互作用过程，进而决定区域生态环境特征，最终影响生态系统中的结构与功能。生态过程是景观格局变化的动力基础，而景观格局进一步产生了生态过程，随着尺度变化，二者之间的反馈关系存在差异，特定的景观格局与生态过程的反馈关系只能在特定的尺度上才能表现出来（傅伯杰等，2011）。

五　景观格局

景观格局具体是指景观内的各种景观要素在一定空间范围内的组合与布局形式，是由景观的结构与其中的生态过程相互作用而形成的。景观格局包含范围较广，不仅包括各种景观要素类型，也包括景观各种要素的数目与空间布局形式。景观格局是景观的空间结构的表现形式，体现了景观的空间异质性特征。景观格局具有尺度效应，是具有差异性或相似性的各种生态过程在不同尺度上作用的结果，且随着尺度由微观到宏观的变化而变化。

第二节 理论基础

一 人地关系理论

"人地关系"（People and Land Relationship）即人地系统的复合系统，由土地和人口集合而成，指土地和人口的内在联系，由自然、经济、人文、社会四个层次组成，具有土地综合体和综合特性功能。人地关系的实质是土地自然物与人类劳动的结合，是人类劳动与土地进行交换的过程。人在生产生活中，只能在自然力帮助下通过劳动改变物质形态，"劳动是财富之父，土地是财富之母"。若人与土地分离，则土地对人类生存发展没有现实意义。因此，研究土地问题必须把握人地关系及其中的土地问题。人在人地关系中居于主体地位，为各种土地生产活动提供人力资源；而土地是人地关系中的客体，为人类的社会经济发展保证足够的数量与一定质量的土地。人地关系根据性质不同可分为直接关系与间接关系，直接关系是指人和土地在土地利用活动中的关系，间接关系是指土地利用过程中衍生出的人与人之间的关系。直接关系与间接关系均包含三个层次的内涵：一是人口数量和土地利用规模之间的基本层次内涵；二是土地资源人口承载力的中间层次内涵，具体是指人力资源与土地利用之间的关系、人口增加与食物供应之间的关系；三是人口增长、资源利用、环境保护、社会经济发展相互协调的可持续发展的综合层次，即现今人地关系研究的核心关系——可持续发展的人地关系（王万茂，2008）。伴随经济增长速度的不断提升，城镇建设用地作为社会经济活动的重要载体，其需求量是同步增加的，但土地利用总量一定,因此本书基于人地关系理论,探讨在人类社会经济发展中的土地资源合理利用问题,同时基于人类需求与土地供给的供求关系,研究城镇建设用地扩张的影响机制。

二 供求理论

供给与需求是商品生产者与消费者的经济活动,这种经济活动受市场运行机制的影响,所以商品表现为一定的价格。商品供给是指可利用的商品或资源的数量,商品需求是指消费者需要购买的商品数量。土地是一种特殊的商品与资源,是人类各种社会经济生活的基础,土地的供给是指地球所能提供给人类社会利用的各类土地资源的总规模,是已利用的和未利用的土地的总规模,可分为土地自然供给和经济供给。土地的自然供给是指土地不受社会、经济等外界因素影响,作为一种自然资源,在自然供给的约束下,在一定的时间和空间内因土地用途和价格变化而改变,是一种有弹性的供给。土地的需求是指人地关系中的一极,有土地的供给必然存在土地的需求,土地的稀缺性与有限性决定了土地对人类社会发展的制约作用越来越强。本书基于供求理论,挑选城镇建设用地的影响因子,进行城镇建设用地的影响机制研究。

三 可持续利用理论

可持续利用思想起步较早,春秋战国时期,"永续利用"思想便已出现,主要是保护鸟兽、封山育林。当代的可持续发展思想源于人类对自然环境等一系列问题的关注和认识,并逐渐发展为完整理论。20世纪60、70年代,"公害"问题显现,能源危机加剧,"增长极限"成为世界性的议题;1972年6月5日,第一次世界人类环境会议将主题定为"只有一个地球",世界各国开始深刻关注地球环境问题,并通过了《人类活动宣言》;1982年5月,人类环境特别会议通过了《开罗宣言》,提出要预防生态环境破坏;1983年11月,联合国成立了"世界环境与发展委员会"(WCED),并且在1987年向联合国大会提出了"可持续发展"模式,提出了完整的可持续发展理论结构及丰富的可持续发展理论内涵,相较于"有机发展""协调发展"等理念,可持续发展思想强调不仅要满足当代人的发展需求,也要满足未来全人类的发展需求,兼顾国家主权、国际公平、生态承载力等重要内容;1992年在里约热内卢召开的联合国环境与发展大会通过了著名的《里约宣言》和《21世纪议程》,并根据已有的"可持续发展"思想,提出要协调地球环境与人类发展的新型发展观,进一步完善了可持续发展的相关理论与应用。《我们共同的未来》(*Our Common Future*)中将可持续发展理论定义为"既满足当代人需要,又不对后代人满足其需要的能力构成危害的发展",包含"可持续"和"发展"两层含义,"可持续"指在人类能够支配的能力限度内,在其生存的一定时空尺度内,自然环境能够提供给人类的可承受或可承载福祉的能力;"发展"是指人类社会生产、生活质量水平的提高。

可持续发展强调自然环境的持续,而土地资源的可持续利用是其重要内容。土地资源是人类社会经济发展的重要载体,与当今世界人类面临的人口、粮食、资源、能源、环境五大问题关系密切。因此,研究土地可持续发展是解决人类面临的五大问题的重要途径,是维护社会经济可持续发展的重要基础。土地供给的有限性与土地需求的无限增长造成土地资源可持续利用困难。城镇建设用地研究要充分考虑土地资源数量的有限性,利用土地可更新性和利用有序性从土地中获取土地产品和劳动满足,协调土地供给和土地需求的关系,促使土地资源持续利用成为可能(王万茂,2008)。因此，本书基于可持续发展理论，在保障区域社会经济发展同时，研究城镇建设用地的景观格局效应，探讨景观安全保护下的城镇建设用地扩张模拟方案。

四 生态经济理论

伴随社会经济发展与科技水平提升，人类利用并改造自然资源的能力越来越强，因此不可避免地出现了环境污染、环境破坏等问题。由于传统经济学认为资源是没有价值、总量无限、任意获取的，便以牺牲环境为代价获取高额利润，从而忽略了环境保护问题，这样单纯利用社会经济指标衡量经济发展水平，非常容易导致生态环境效益外部不经济的现象，降低国民经济效益。因此，应重视生态发展，合理协调经济发展与生态环境之间的关系，促进经济健康发展。

生态经济理论是20世纪中期被提出的，由生态学和经济学相互交叉形成，该理论从经济学角度解释生态与经济复合系统的结构、功能及规律，是研究生态与土地利用问题的重要工具。土地资源是生态环境的重要组成部分，是其他自然资源与社会经济活动的重要载体，也是自然、社会、经济等要素组成的多重生态经济系统。因此土地利用问题不仅是社会经济问题，也是实现资源合理利用与环境保护的生态经济问题。土地生态经济系统是由土地生态系统和土地经济系统在特定地域空间内耦合而成的生态经济复合系统，该系统中任意组成部分的变化都会导致其他因素变化，影响系统的整体功能。人类在利用土地资源时，必须有整体观念、全局观念和系统观念，要考虑土地生态经济系统内部与外部的各种相互关系，不能只考虑土地利用而忽略土地开发、整治、利用对系统内部其他要素和生态环境的不利影响（王万茂，2008）。因此，本书基于生态经济理论，在研究城镇建设用地发展、利用时，充分考虑

五　斑块动态理论

斑块动态概念起源于20世纪中叶英国生态学家 A. S. Watt 提出的"格局与过程"学说,该学说认为生态系统是一种斑块和镶嵌体组成的综合体,二者相互作用的综合特征最终决定了生态系统的结构功能。20世纪下半叶,由于受到岛屿生物地理学和复合种群生物学影响,斑块动态理论逐渐成熟。1985年,Pickett 和 White 出版的《自然干扰生态学和斑块动态》系统介绍了斑块动态理论,此后斑块动态概念被广泛运用于种群和群落生态学研究中,并日益发展成为生态学的重要理论之一。

斑块是指与周围环境存在差异的、有明显边界的地理单元,具有生物与非生物两层含义,生物含义可包括森林、草地、水生生物群落、动物种群及植物聚集斑块、植物个体等;非生物含义可包括地形、地貌区,土壤类型,水、光和养分的斑块分布等。斑块动态是指斑块的时空特征发生变化及斑块镶嵌体的结构功能发生变化,该理论强调空间异质性,即生态过程的成因、机制、作用,突出斑块镶嵌体、各斑块类型组成的动态特征。景观是各种景观类型组成的镶嵌体,研究景观格局变化必然要注重研究景观中斑块类型与景观镶嵌体的动态变化过程(邬建国,2007)。因此,本书基于斑块动态理论,研究随着时间变化,城镇建设用地作为一种景观斑块的内部扩张特征;同时,研究区域各种景观类型与景观整体的斑块动态变化过程。

六　等级理论

20世纪初,Egler 指出生态系统具有等级结构的特征,后经部分理论学家、哲学家整合，由 Overton 初步提出等级理论，并将其引入生态学研究中。20 世纪末，Allen 和 Starr 详细论述了等级系统理论，并提出了用理论理解复杂的生态系统的应用方法。奥尼尔等人出版的《生态系统的等级概念》一书进一步阐述了生态系统的等级结构，并指出生态系统具有结构和功能的双重等级性质，强调了时空尺度以及系统约束对生态系统研究的重要性，其等级理论逐渐完善。等级是若干单元形成的有序系统，是对复杂系统描述与研究的有效手段，该理论强调复杂系统是由若干离散型等级层次组合而成，这种离散型特征反映了自然界中生物与非生物的过程具有尺度依赖性。

等级理论结合斑块动态理论，组成等级系统动态研究的范式，这种范式主要包括五个方面。

第一，生态系统是由斑块镶嵌体组成的包容型等级系统，系统整体由部分组成，部分发挥作用取决于整体提供的背景；景观中的斑块特征不断变化，并且存在时空上的特征尺度。

第二，系统动态是不同尺度的斑块动态的总体反映。生态系统的等级结构决定了其系统动态是由小尺度斑块、大尺度镶嵌体及其与环境相互作用的结果；景观动态也是由其组成部分的变化、基质和廊道的相互作用关系决定的；系统动态取决于等级层次的相互关系，因此它会随着层次之间的距离增加而减弱。

第三，格局—过程—尺度观点。格局、过程（功能）和尺度是景观生态学研究的核心内容，景观格局与生态过程联系密切，是景观生态学研究的理论基础。过程产生格局，格局反作用于过程，二者相互作用并随尺度变化而存在差异。格局、过程、尺度表现十分复杂，有三种极端情景：景观格局与景观过程单向关联、非空间生态过程、景观格局和生态过程变化特征不同且空间尺度域存在差异。在这三种情景条件下，景观格局与生态过程无关。因此，景观格局与过程在特定尺度下是一对多的关系，而在不同尺度下关系更为复杂。格局与过程理论的应用需要明确景观格局与生态过程之间的关系，并剖析其尺度依赖性。

第四，非平衡观点。等级系统中生态系统被看作非平衡与随机过程的组合。生态系统的非稳定机制由生物和非生物的随机性及其形成的生态反馈作用组成，对小尺度现象干扰较大，导致小尺度的非平衡特征明显；大尺度受地质、气候等因素影响，其生态系统也表现为非平衡特征。

第五，兼容机制和符合稳定性概念。兼容机制是指高层次稳定过程整合低层次非平衡过程的现象；符合稳定性即高层次过程表现的准平衡的状态特征，二者反映了有序来自无序的情景。

等级理论强调尺度科学，对景观生态学的兴起和发展发挥了重大作用，其中，最突出的贡献在于增强了景观生态学研究的"尺度感"，对深入认识和理解尺度的重要性以及发展多尺度景观研究方法起到了显著作用。等级理论有助于研究自然界的数量思维，对景观生态学中的尺度选择研究及景观分类意义重大（郭晋平，2007）。因此，基于等级理论，本书通过多尺度分析，确定最优粒度与幅度，用于研究景观类型水平与景观水平的景观格局变化、城镇建设用地的景观格局效应、城镇建设用地扩张模拟。

第四章 景观分类、景观指数选择与研究幅度确定

　　景观分类是景观结构与功能分析与研究的基础，是正确认识景观、有效保护与合理利用景观资源的根本途径，也是开展景观生态规划、设计与管理的重要前提。利用景观格局指数描述区域景观格局，应根据研究目标挑选具有重要生态意义的景观指数。同时，由于本书以网格作为样本单元，会出现"可塑性面积单元问题"（The Modifiable Areal Unit Problem），即分析涉及面积的相关数据（遥感数据、土地利用数据等）时，测算结果会伴随最小面积单元（粒度或栅格细胞）的定义不同而发生变化，造成景观指数生态学解释困难，从而增加不同区域景观格局的对比分析难度；采用格网分析对研究区划定评价单元时，其格网大小（即研究幅度大小）也会影响测算结果，若幅度范围较小，会造成研究区的空间信息量较大，导致某些重要信息被掩盖；若幅度较大，则会导致某些细节信息的缺失。因此，首先，根据土地利用的相似性、分类的统一性、层次的科学性、地域的特征性，确定研究区土地利用分类。其次，定性分析城镇建设用地扩张对景观破碎化、景观连通性、景观形态、景观多样性的影响，选取破碎化、连通性、景观形态、景观多样性等方面的景观格局指数。最后，选择尺度变换方法与地统计分析中的半方差函数，根据研究区土地利用格局，选择合适的分析幅度，抑制空间

信息的冗余与噪声，避免有效信息的缺失。

第一节　景观分类

科学合理的景观类型划分是景观格局分析的前提。应用过程中，根据研究目的与研究区域特征，可进行分解式或聚集式分类（邬建国，2007）。因此，本书基于研究目标，依据我国土地利用分类与土地利用规划分类，结合研究区土地利用特征，对区域景观进行分类。

地表某一地段，包括地貌、岩石、气候、水文等自然因素在内的自然综合体叫作土地类型，划分土地类型的工作即为土地分类。土地利用分类是根据土地用途与利用方式进行土地分类，用以反映土地利用状况与研究土地问题，这是土地资源管理学研究的基础（王万茂，2010）。我国土地利用现状调查起始于20世纪80年代，并以全国农业区划委员会制定的土地利用现状分类体系为基础。为满足不同时期土地利用现状的调查需求，不同阶段采用的土地利用分类标准存在差异。1984年原全国农业区划委员会颁布《土地利用现状调查技术规程》，1987年2月颁布补充规定。1984年，《全国土地利用现状分类》按两级分类，统一编码排列，按国民经济部门用地划分为8个一级地类；按土地利用条件与方式，划分为46个二级地类。1989年原国家土地管理局颁布《城镇土地分类》，将土地划分为10个一级地类和24个二级地类。2001年国土资源部颁布《全国土地分类》，将土地利用划分为3个一级地类、15个二级地类及71个三级地类。2002年国土资源部颁布《全国土地分类》（过渡期间适用），规定3个一级地类、10个二级地类、52个三级地类。第二次全国土地调查采用2007年《土地利用现状分类》，按土地利用现状物覆盖特征，将其划分为12个一级地类和63

个二级地类。

已有研究根据研究目的与研究区域土地利用特征，采用不同的土地分类系统，但应遵循以下原则。

第一，利用的相似性。研究区的土地现状分类要具有土地利用方式和结构的相似性，应反映不同地类的基本特性和本质差异，便于土地利用变化研究。

第二，分类的统一性。研究区域各评价单元应采用统一的土地利用分类标准，有利于土地利用变化比较分析。

第三，层次的科学性。研究区土地利用分类体系应体现由大到小、由一般到特殊、由高级到低级的等级层次，层次之间应存在明确的从属和逻辑关系。

第四，地域的特征性。所建立的土地利用分类系统应突出研究区的自然属性和经济属性特点，能够全面反映扬州市土地资源的覆被特征、利用特点和经营方式的综合信息。

因此，本书参照第二次全国土地调查，采用2007年《土地利用现状分类》与土地利用总体规划的土地利用分类标准，根据研究区景观特征，景观分类采用土地利用分类标准（刘德林，2010；许倍慎，2012），将研究区景观分为耕地、林地、草地、水域、城镇建设用地、农村居民点用地、交通用地、未利用地。

第二节 景观指数选择

利用景观格局指数描述区域景观格局时，应根据研究目标挑选具有重要生态意义的景观指数，而破碎化、连通性、景观形态、景观多样性是景观格局的重要特征，且具有重要的生态意义（邬建国，2000；邬建国，2007；陈利顶等，2008）。城镇建设用地扩张侵占其他景观类型空间，改变地表形态，必然导致景观整体与景观类型的破碎化、连通性、景观形态发生变化,进而影响景观的生态过程与功能。

一 城镇建设用地扩张影响景观破碎化

景观破碎化是由于自然环境变化或人为干扰,导致景观中原有连续的自然景观斑块或人工生活、生产型景观要素斑块经过外力作用后变为多个不连续的破碎镶嵌体或嵌块,是生境连接、融合过程的逆过程。景观破碎化主要表现为景观类型或景观的斑块数量增加、面积缩小,内部廊道被截断及斑块间彼此隔离。景观破碎化不同于某种生态系统退化或破碎,它始于小范围的局部斑块破碎,后期会衍生发展为大尺度的、多个生态系统组成的景观系统的整体破碎化,其尺度包括地区、国家甚至全球。景观破碎化改变区域生态功能,是导致城市生物多样性丧失的重要原因。生物多样性包括生态系统多样性、物种多样性、基因多样性三个层次。

(一) 景观破碎化影响生态系统多样性

景观破碎化,一方面,导致自然景观能量循环平衡被破坏,改变区域生态系统小气候,从而引发泥石流等自然灾害,降低生态系统抵御外来有害物种入侵的能力;另一方面,增加了生境与外部接触面积,导致外来有害物种入侵概率增强,由于外来物种具有相对较高的竞争优势,易在新的生境中摆脱天敌与人类控制而出现爆发式增长,成为优势种群,进而挤压原有物种生存空间,加速生态系统多样性丧失。

(二) 景观破碎化影响物种多样性

物种是生物分类系统的基本单元,景观破碎化将大尺度的景观整体分割成独立的小斑块,导致物种生存空间割裂或缩小,扩散模式变化,部分物种庇护场所减少,被捕概率上升,生存受到威胁,破碎的景观斑块不能长期维持物种生存发展；人类活动往往对景观造成不可逆的毁灭性干预，将山地夷为平原，围填水域，砍伐林地，导致生态环境突变，物种失去生存的必要栖息地，面临灭绝的境遇，物种多样性降低。相关研究表明，67%濒临灭绝的脊椎动物遭受生境丧失、退化与破碎化的威胁。

（三）景观破碎化影响基因多样性

景观破碎化会造成遗传基因交流受限甚至中断，致使近亲繁殖增加，物种种内不能交配，残存种群遗传可塑性缺乏，物种后代存活率下降，遗传隔离，基因多样性破坏等。而基因多样性是生物多样性的基础，其破坏是过程不可逆的，当某物种基因多样性降至阈值时，近交衰败将导致物种灭绝。

景观破碎化可通过斑块数量（NP）、斑块密度（PD）、最大斑块指数（LPI）测度，NP越大、PD越高、LPI越小，景观破碎度越高（邬建国，2000；邬建国，2007；陈利顶等，2008）。

二　城镇建设用地扩张改变景观连通性

景观连通性是指景观促进或阻碍某种物种或生态流在源地斑块间运动的程度，是景观格局与生态过程之间的联系纽带，良好的连通性是保障景观实现其生态功能的重要前提。景观连通性可保证景观斑块之间物质、能量信息的流通，并从网络层面维持物种种群数量与结构的动态平衡，为物种迁移与交流提供重要廊道，促进其基因交流；同时，连通性决定景观中能量流、物质流的便利或阻碍程度，而生态流的畅通程度决定景观生态服务价值的高低，因此从理论上讲，景观连通性下降会增加生态系统中景观斑块之间的物质能量传输难度，生态流受阻，景观中生态系统的生态服务价值降低。景观连通路径是景观斑块之间的重要通道，是区域景观生态廊道发挥生态服务功能的重要途径，主要用于生态系统的物质能量流动与物种迁徙。景观连通性被破坏会导致景观组分与系统要素之间的联系中断，降低景观整体防护外界有害物种入侵的能力，导致区域生物多样性的保护与发展受阻，不利于维护区域生态功能。景观连通性可通过聚集度指数（AI）测度，AI越高，连通性越强（邬建国，2000；邬建国，2007；陈利顶等，2008）。

三 城镇建设用地扩张影响景观形态

景观形态是景观的外部形状特征，是影响区域景观生态过程的重要指标，对不同景观类型的作用不同。景观形态越规则，证明人类改造景观的力度越大。对于林地、水域、草地等生态型的非人工景观，其景观形态越复杂，越有利于形成天然的生态屏障，有效阻碍生境外部有害物种入侵，保护生境内的生物多样性。但如耕地、农村居民点、城镇建设用地等人工景观，景观形态越规则，越有利于大规模的生产活动，进而产生规模效益。此外，景观形态通过斑块形状指数（LSI）测度，LSI越小，景观越规则（邬建国，2000；邬建国，2007；陈利顶等，2008）。

四 城镇建设用地扩张影响景观多样性

景观多样性反映了景观组成要素的类型、数量、比例，是景观生态学的基本概念。景观多样性决定了区域生态系统抵抗外界干扰的能力以及受干扰后的自我恢复能力，影响着区域生态系统的稳定性。景观多样性按照景观的等级可分为斑块多样性、景观类型多样性、景观格局多样性，分别表示为斑块数量、形状、大小的多样性，景观类型及其分布的多样性，斑块之间连通性等结构和功能的多样性特征。景观类型决定景观功能,因此不同景观类型的生态功能不同,且内部栖息物种存在差异。研究区内景观类型越丰富,代表境内生物多样性越丰富。景观类型多样性可通过辛普森多样性指数(*SIEI*)测度,*SIEI* 越大,景观多样性越强(邬建国,2007;刘世梁等,2012)(见表4-1)。

表4-1　　　　　　　　景观格局指数及解释

景观格局指数	公式	说明
NP	$NP = N$	景观中斑块的总数;$NP \geq 1$,无上限
PD	$PD = N/A$	每平方千米(100hm²)的斑块数;$PD > 0$,无上限
LPI	$LPI = \dfrac{\text{Max}(a_1, \cdots, a_i)}{A}(100)$	Max$(a_1, \cdots, a_i)$为景观中最大斑块的面积(m²);A为景观总面积(m²);取值范围:$0 < LPI \leq 100$
LSI	$LSI = \dfrac{0.25E}{\sqrt{A}}$	E为景观中所有斑块边界的总长度(m);A为景观总面积(m²);0.25为正方形较正常数;$LSI \geq 1$,无上限;当景观中斑块形状不规则或偏离正方形时,LSI值变大
AI	$AI = \left[\dfrac{g_{ij}}{\max \to g_{ij}}\right](100)$	g_{ij}为景观类型的相似邻接斑块数量;max→g_{ij}表示该景观类型最大程度上丛生为一个斑块时的最大值;$0 \leq AI \leq 100$,AI越大,集聚程度越高
SIEI	$D_s = 1 - \sum\limits_{i=1}^{s} P_i^2$	P_1为景观斑块类型;$0 < SIEI$;景观结构组成越复杂,多样性越高,$SIEI$也相应增加

注:*NP* 表示斑块数量,*PD* 表示斑块密度,*LPI* 表示最大斑块指数,*AI* 表示集聚度指数,*LSI* 表示斑块形状指数,*SIEI* 表示辛普森多样性指数。下同。

资料来源:邬建国:《景观生态学:格局、过程、尺度与等级》(第2版),高等教育出版社2007年版。

第三节 研究幅度选择

一 基于尺度变换的研究粒度选择

格局、过程（功能）和尺度是景观生态学研究的核心内容，景观格局与生态过程联系密切，是景观生态学研究的理论基础。过程产生格局，格局反作用于过程，二者相互作用并随尺度变化而存在差异。由于本章以栅格作为分析单元，会出现"可塑性面积单元问题"（The Modifiable Areal Unit Problem），即分析涉及面积的相关数据（遥感数据、土地利用数据等）时，测算结果会伴随最小面积单元（粒度或栅格细胞）定义的不同发生变化（邬建国，2007；郭晋平，2007），造成景观指数生态学解释困难，增加不同区域景观格局对比分析难度。因此要根据研究区土地利用格局，选择合适的分析粒度，抑制空间信息的冗余与噪声，避免有效信息的缺失（刘建国，1992；吕志强等，2007；Gustafson, E. J., 1998）。

本章基于 ArcGIS 10.2 和景观格局指数测算程序 Fragstats 4.2，分析景观指数随粒度差异的变化趋势，寻找最优景观格局分析粒度：借助 ArcGIS 10.2 将矢量图层转换为栅格数据，采用优势类型法对栅格单元赋值，即以占像元比最多的景观类型作为新生成栅格的属性，若新生成栅格中不同属性的景观类型像元占比相同，则采用系统随机设定；《土地利用动态遥感监测规程》规定现状地物图上的最小宽度为 0.2 毫米，因此对于 1∶100000 的土地利用现状图，图上最小宽度为 20 米，因此设定 20—200 米为粒度范围，以 10 米为间隔，生成 19 个不同粒度等级的土地利用图作为实验样本；在景观水平方面，选择斑块数目（*NP*）、斑块密度（*PD*）、最大斑块指数（*LPI*）、香农多样性（*SHDI*）、香农均匀度（*SHEI*）、蔓延度指数（*CONTAG*）、聚集度指数（*AI*）、有效粒度尺寸（*MESH*）、景观分离度（*DIVISION*）等景观指数分别测度其尺度转折点，综合测度研究区最优研究粒度（Carlson, T. N. et al., 2000；姚华荣等，2003）。

二 基于半方差函数的研究幅度选择

由于本书以网格作为样本单元，会出现"可塑性面积单元问题"（The Modifiable Areal Unit Problem），即分析涉及面积的相关数据（遥感数据、土地利用数据等）时，测算结果会伴随最小面积单元（粒度或栅格细胞）的定义不同发生变化（邬建国，2007；郭晋平，2007），造成景观指数生态学解释困难，增加不同区域的景观格局对比分析难度。采用格网分析方法划定研究区评价单元时，其格网大小即研究幅度大小亦会影响研究结果，若幅度范围较小，会造成研究区的空间信息量较大，导致某些重要信息被掩盖；若幅度较大，则会导致某些细节信息的缺失（刘建国，1992）。因此要根据研究区土地利用格局，选择合适的分析幅度，抑制空间信息的冗余与噪声，避免有效信息的缺失（吕志强等，2007；Gustafson, E. J., 1998）。本书选择地统计分析中的半方差函数确定研究幅度。

（一）地统计分析

半方差函数是地统计分析的重要组成部分。地统计学是空间统计学的重要组成部分，最初在地学（采矿学、地质学）领域发展。地统计学是以区域变量理论为基础，检查、拟合、预估变量在空间的动态关系的统计方法，强调近距测量值相似度高于远距测量值。由于地统计学具有结构性与随机性，可以测度空间连续变量的定量关系，因而被广泛应用。区域景观格局具有异质性与空间依赖性，多幅度测算时，无法利用普通数学方法处理，而地统计学较为适用（Burrough, P. A., 2001）。GS+软件是地统计分析中应用较为普遍的软件。GS+软件于1998年成为世界第一款可在PC端使用的先进地统计分析软件,随后被广泛应用于各行业。GS+软件包括半方差分析、克里金插值分析等模型及一系列可视化图像,可将不完整的样例数据通过统计计算,完成精确的统计结果,并制作成为标准的统计地图。

(二) 半方差函数参数

半方差函数参数可根据半方差曲线图得到,包括块金值(C_0)、基台值(C_0+C)、变程(a)、块金基台比[$C_0/(C_0+C)$],通过定量描述区域化变量的空间变异特点,可决定半方差函数的形状与结构。其中,半方差函数中C_0等于区域化变量间距h取0时的变异函数$\gamma(h)$的值,表示区域化变量随机性的大小;C_0随研究尺度变化而不同,一般研究尺度越大,区域化变量随机性越大,C_0越大;较大的C_0表明选择较小的尺度存在某种重要的生态过程(Juang, K. W. et al., 2001)。C_0+C是指变异函数$\gamma(h)$伴随区域化变量间距h增加到一定程度时所增长到的一个相对稳定的常数值,该值等于空间自相关变异和随机性变异之和,是区域化变量的最大变异值;系统的空间差异性程度伴随C_0+C的增加而增加(Bruland, G. L. et al., 2004)。a等于变异函数$\gamma(h)$等于基台值时的区域化变量间距h,一般当$h \leqslant a$时,样本间的空间自相关值与h呈负相关关系;当$h>a$时,其空间自相关性消失。$C_0/(C_0+C)$是块金值与基台值的比值,根据变异函数定义,区域化变量的空间异质性由空间自相关与随机误差组成,$C_0/(C_0+C)$是随机部分引起的空间变异占比,该比值越接近1,表示系统中的空间变量在整个研究尺度上具有越恒定的变异(孙波等,2002)。此外,半变异函数通过残差(RSS)和决定系数(R^2)反映参与实验的变异函数拟合程度的高低,R^2最大而RSS最小的模型被确定为最优半变异函数模型(见图4-1)。

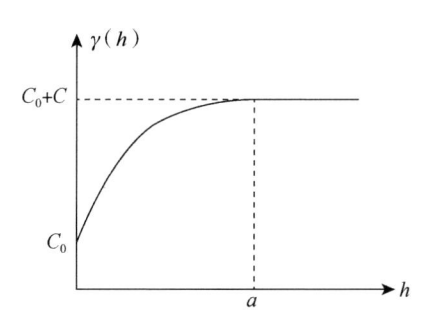

图 4-1 半方差图

资料来源：Burrough, P. A., "GIS and Geostatistics: Essential Partners for Spatial Analysis", *Environmental and Ecological Statistics*, Vol. 8, No. 4, 2001。

半方差函数拟合模型可将实际运算所得的半方差图用数学模型来拟合，即理论半方差图或模型。半方差函数拟合模型通常包括基台值模型（Model with a Still）、无基台值模型（Model without a Still）、自相关阈为零模型（Model without Zero Range）（见表4-2）。

表 4-2　　　　　　　　　　常用半方差理论模型

基台值模型 (Model with a Still)	无基台值模型 (Model without a Still)	自相关阈为零模型 (Model without Zero Range)
球体模型（Spherical Model） $\gamma(h) = C_0 + C_1 \left[\dfrac{3h}{2a} - \dfrac{1}{2}\left(\dfrac{h}{a}\right)^3 \right]$ $(0 < h < a)$ $\gamma(h) = C_0 + C_1 \ (h \geq a)$	线性模型（Linear Model） $\gamma(h) = C_0 + bh$	$\gamma(h) = C_0$
线性模型（Linear Model） $\gamma(h) = C_0 + bh \ (0 < h < a)$ $\gamma(h) = C_0 + C_1 \ (h \geq a)$	对数模型（Logarithmic Model） $\gamma(h) = C_0 + C_1 \ln(h)$	
指数模型（Exponential Model） $\gamma(h) = C_0 + C_1 (1 - e^{-h/a})$		
高斯模型（Gaussian Model） $\gamma(h) = C_0 + C_1 (1 - e^{-h^2/a^2})$		

资料来源：邬建国：《景观生态学：格局、过程、尺度与等级》（第2版），高等教育出版社2007年版。

(三) 正态转换

地统计分析要求样本满足正态分布，本书借助 Minnitab 软件，将不满足正态分布的样本通过 Box-Cox 或 Johnson 转换，满足正态分布（见式 4-1）。

1. Box-Cox 转换

Box-Cox 转换是对反应变量 y 进行转换，即：

$$y^\lambda = \begin{cases} \dfrac{(y+c)^\lambda - 1}{\lambda}, & \lambda \neq 0 \\ \dfrac{\log(y+c)}{g}, & \lambda = 0 \end{cases} \quad (4-1)$$

式（4-1）中，参数 c 就是为了使 $y+c$ 大于 0；g 的默认取值为 1，也可取 $\bar{y}^{(c+1)}$；$\bar{y}$ 为 y 的几何平均。一般理论上假定 $y>0$，当 λ 等于 0.5 时，为平方根转换；当 λ 等于 0 时，为对数转换；当 λ 等于 -1 时，为倒数转换。

2. Johnson 转换

Johnson 包含了将变量 X 转换为标准正态分布的三个分布族，分别为 SB（Bounded）、SL（Lognormal）和 SU（Unbounded）（杨洁荣，2010）（见表 4-3）。

表 4-3　　　　　　　　　Johnson 转换类型

Johnson 系统	SB	SL	SU
Johnson 曲线	$k_1 = \ln\left(\dfrac{x-\varepsilon}{\lambda-\varepsilon+x}\right)$	$k_{12} = \ln(x-\varepsilon)$	$k_3 = \arcsin\left(\dfrac{x-\varepsilon}{\lambda}\right)$
正态转换	$z = \gamma + \eta\ln\left(\dfrac{x-\varepsilon}{\lambda-\varepsilon+x}\right)$	$z = \gamma + \eta\ln(x-\varepsilon)$	$z = \gamma + \eta\arcsin\left(\dfrac{x-\varepsilon}{\lambda}\right)$
参数约束	$\eta, \lambda > 0$ $-\infty < \gamma < \infty$ $-\infty < \varepsilon < \infty$	$\eta > 0$ $-\infty < \gamma < \infty$ $-\infty < \varepsilon < \infty$	$\eta, \lambda > 0$ $-\infty < \gamma < \infty$ $-\infty < \varepsilon < \infty$
X 约束	$\varepsilon < x < \lambda + \varepsilon$	$\varepsilon < x$	$-\infty < x < \infty$

资料来源：杨洁荣：《过程能力指数及两种转换方法的探讨》，硕士学位论文，燕山大学，2010 年。

第四节 扬州市景观格局特征分析

一 研究区概况

（一）自然条件与自然资源

扬州市位于119°01′E—119°54′E、31°56′N—33°25′N，地处江苏省中部，北接淮安、盐城，西临天长（安徽省）、南京，东与泰州交界，南临长江，并与镇江隔江相望。

扬州市是典型的亚热带气候，境内全年气候温热、雨水充沛，光照较为充足。全年平均气温16℃左右，冬季温度基本0℃以上；降水年均达800—1000毫米，且降水主要集中于夏季，占全年降水量的40%—50%；境内雨热同期，适合人类与各种动植物生存。

扬州市位于我国地貌第三阶梯内，以平原为主，但自西向东呈扇形逐渐倾斜，区内微地形差异较为明显。其中，仪征市内部为丘陵山区，海拔相对较高，高邮市、宝应县为浅水湖荡区，海拔相对较低。扬州市境内水域广布，80.5千米的长江岸线位于境内，且143.30千米的京杭大运河纵穿其腹地，由北向南沟通宝应县、高邮市、邵伯湖，最终汇入长江。

（二）社会经济发展状况

2013年，扬州市下辖邗江区、维扬区和广陵区3个区及仪征市、高邮市、江都市、宝应县4个县（市），全市共有62个镇、5个乡、15个街道。扬州市全市总人口447.84万人，占江苏省总人口的5.63%；人口密度为643.00人/平方千米，人口自然增长率为1.67‰。

2013年，扬州市实现国内生产总值3252.01亿元，占江苏省社会生产总值的5.50%，人均国内生产总值72775.00元。第一、第二、第三产业产值分别为224.45亿元、1693.70亿元、1333.86亿元，比重约为6.90%、52.08%、41.02%。较2005年相比，人均国内生产总值增长约252.70%，第一、第二、第三产业产值分别增长约151.34%、226.21%、324.80%，第二产业优势明显。

（三）土地利用状况

1. 土地利用现状

2005年年末扬州市土地总面积660904.69公顷。其中，农用地345903.35公顷，约占土地总面积的52.34%；建设用地158463.66公顷，约占土地总面积的23.98%；其他土地156537.68公顷，约占土地总面积的23.69%（见表4-4）。

表4-4　　　　　　扬州市2013年土地利用结构　　　　单位：公顷，%

土地类型			2013年	占总面积比例
土地总面积			660904.69	100.00
农用地	耕地		188461.11	28.52
	园地		7788.91	1.18
	林地		5041.73	0.76
	牧草地		0.00	0.00
	其他农用地		144611.60	21.88
	农用地合计		345903.35	52.34
建设用地	城乡建设用地	城镇工矿用地	40189.80	6.08
		农村居民点用地	77607.35	11.74
		小计	117797.15	17.82
	交通水利设施用地	小计	39840.61	6.03
	其他建设用地	特殊用地	825.90	0.12
		盐田	0.00	0.00
		小计	825.90	0.12
	建设用地合计		158463.66	23.98

续表

	土地类型	2013年	占总面积比例
其他土地	水域	145292.55	21.98
	自然保留地	11245.13	1.70
	其他土地合计	156537.68	23.69

注：因四舍五入计算，各比例值相加可能不等于100%。

资料来源：扬州市自然资源和规划局。

(1) 农用地

2013年扬州市耕地188461.11公顷，约占农用地总规模的54.48%，并广泛分布于全市范围内，部分较为优质的耕地主要集中于里下河流域的宝应县及高邮市境内；园地7788.91公顷，约占农用地的2.25%，主要分布在高邮市、江都区两地；林地5041.73公顷，约占农用地的1.46%，主要分布在仪征市，在其他各县（市）均有分布；其他农用地144611.60公顷，约占农用地的41.81%。

(2) 建设用地

2013年全市城镇工矿建设用地40189.80公顷，约占建设用地总规模的25.36%；农村居民点用地77607.35公顷，约占建设用地的48.97%，多沿河沿路分布；交通水利设施用地39840.61公顷，约占建设用地的25.14%；其他建设用地825.90公顷，约占建设用地的0.52%。

(3) 其他土地

全市其他土地主要有河流水面、湖泊水面和滩涂苇地等，水域145292.55公顷，约占其他土地总面积的92.82%；自然保留地11245.13公顷，约占其他土地总面积的7.18%。

2. 土地利用特点

(1) 农用地规模较大，其中耕地占比较高，且耕地质量较好。

2013年年底，扬州市农用地总规模345903.35公顷，约占土地利用总面积的52.34%，其中耕地约占农用地面积的54.48%，是最主要的农用地类型。扬州市气候适宜，水热条件较好，耕地适耕期长；同时土壤质量较好，土层厚度大，适宜种植粮、棉、油等粮食或经济作物。

（2）其他土地利用类型规模大，水域资源较为丰富。2013年年底，扬州其他土地利用类型总规模约占土地利用总面积的23.69%，其中水域面积广布，一江四湖及大片浅水湖荡区位于扬州市境内，故河流水面和湖泊水面是其他土地利用类型的主体部分，占比约达92.82%。

（3）土地利用结构区域差别化程度大。2013年年底，宝应县农用地和建设用地比值高于5，而高邮市、江都市、仪征市分别为4.70∶1、3.77∶1、3.43∶1，扬州市区仅为2.18∶1。

3. 土地利用主要问题

扬州市现状城镇建设用地规模较大，但集约利用水平较低，2013年，扬州市全市每单位建设用地的二、三产业产值为72.57万元/公顷，而地均固定资产投资6.18万元/公顷，低于江苏省的平均水平，城镇建设用地呈"摊大饼"式盲目扩张现象十分明显。同时，扬州市农用地面积较大，未利用地面积较广，但多为水域、林地，具有重要生态价值的土地、宜建未利用地面积不足。城镇建设用地扩张过程中不可避免地占用具有重要生产、生态价值的景观，极易对粮食安全与生态安全造成不可逆的负面影响。

二 研究幅度确定

（一）研究粒度

表4-5、图4-2表明，伴随粒度增加，不同景观指数呈现不

同变化趋势，同一景观指数出现多个尺度拐点；同时，作为描述景观格局特征的景观格局指数也必然发生变化，其原因在于景观粒度的划定会改变斑块边界，造成斑块分割或融合。

表4-5　　　　　　　景观格局指数随粒度变化趋势

景观格局指数 粒度（米）	NP	PD	CONTAG	AI	DIVISION	MESH	LPI	SHEI
20	84851.33	12.85	55.07	89.50	0.99	9104.79	9.77	0.70
30	81977.33	12.41	52.14	85.34	0.98	11776.14	11.35	0.70
40	76226.33	11.54	49.83	81.71	0.98	11968.75	11.64	0.70
50	70229.00	10.63	47.93	78.49	0.98	10280.58	10.25	0.70
60	64733.33	9.80	46.34	75.58	0.98	11459.27	10.80	0.70
70	59550.67	9.02	44.99	72.95	0.98	12303.13	10.62	0.70
80	55015.33	8.33	43.81	70.54	0.98	13145.42	10.57	0.70
90	51863.00	7.85	43.21	69.19	0.98	14123.18	10.90	0.70
100	47228.33	7.15	41.93	66.34	0.98	14285.70	10.76	0.70
110	43916.33	6.65	41.17	64.52	0.97	20032.00	11.42	0.70
120	40783.67	6.18	40.48	62.85	0.95	30564.55	15.83	0.70
130	37988.67	5.75	39.91	61.38	0.97	17812.30	10.43	0.70
140	35366.67	5.36	39.37	59.99	0.97	18919.61	10.67	0.70
150	33096.67	5.01	38.94	58.79	0.97	18875.32	10.59	0.70
160	30816.00	4.67	38.59	57.69	0.95	31542.94	15.79	0.70
170	28846.00	4.37	37.55	56.61	0.95	32749.92	16.07	0.70
180	26983.00	4.09	37.48	55.67	0.97	21655.49	10.93	0.70
190	19897.67	3.01	36.84	52.30	0.97	22812.43	11.15	0.70
200	23588.00	3.57	36.69	54.00	0.94	38001.67	17.22	0.70

注：因四舍五入处理，SHEI仅显示为0.70。
资料来源：扬州市自然资源与规划局，中国科学院地理科学与资源研究所资源环境科学与数据研究中心。

根据景观格局指数伴随粒度增加的变化趋势（见图4-2），将

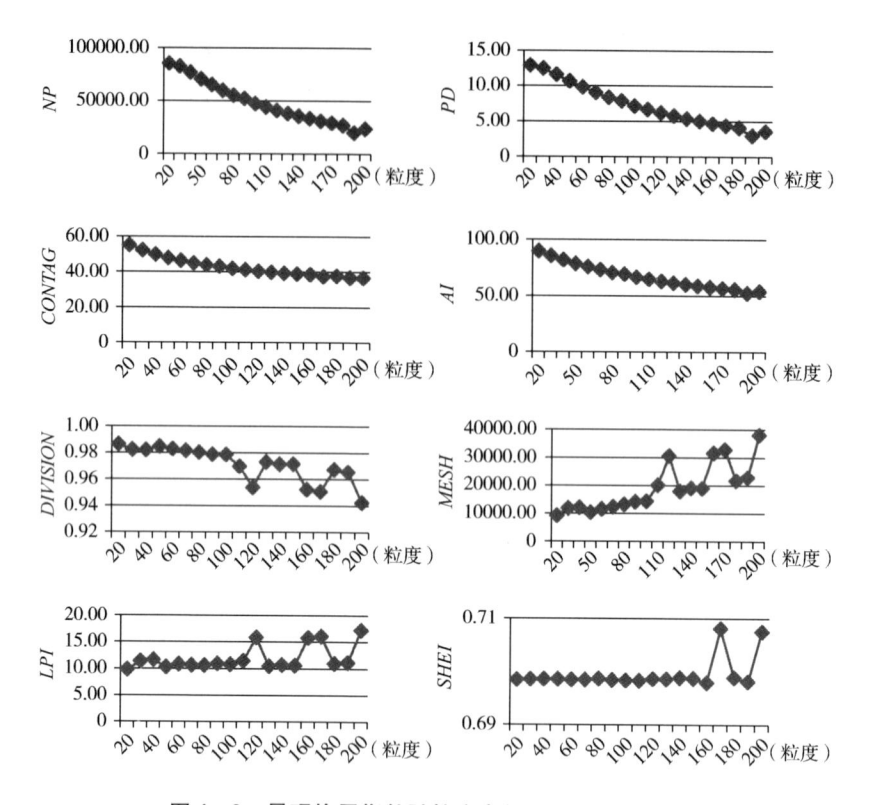

图 4-2　景观格局指数随粒度变化趋势（单位：米）

景观指数的粒度效应划分为四类：表现为第一类趋势的是斑块数量（NP）、斑块密度（PD）、蔓延度指数（CONTAG）、聚集度指数（AI），伴随粒度增加，景观指数单调递减，无明显尺度转折点，尺度效应关系较明确；表现为第二类的是景观分离度（DIVISION），伴随粒度增加，景观指数呈下降趋势，具有明显转折点；表现为第三类的是有效粒度尺寸（MESH），伴随粒度增加，景观指数呈上升趋势，具有明显转折点；表现为第四类的是最大斑块指数（LPI）、香农均匀度（SHEI），伴随粒度增加，景观指数波动变化，具有明显尺度转折点。

根据赵文武的研究，两个相邻拐点间的区域为粒度域，各粒度域内景观指数变化相对平稳，进行最优粒度选择时，为保障计算结果质量高、充分体现比例尺特征信息，又可简化工作量，即在第一粒度域内选择中等偏大的粒度（赵文武等，2003；杨丽等，2007）。研究区 1∶100000 比例尺下的土地利用图，多数景观指数在第一粒度域的适宜粒度范围是 20—30 米，因此本章选择 30 米作为研究的最优粒度（见表 4-6）。

表 4-6 各景观指数的粒度效应、粒度区间、适宜粒度范围　　单位：米

景观指数分类	景观指数	粒度效应	第一尺度域	适宜粒度范围
第一类	NP	景观指数单调递减，无明显尺度转折点	无	越小越好
第一类	PD	景观指数单调递减，无明显尺度转折点	无	越小越好
第一类	CONTAG	景观指数单调递减，无明显尺度转折点	无	越小越好
第一类	AI	景观指数单调递减，无明显尺度转折点	无	越小越好
第二类	DIVISION	景观指数呈下降趋势，具有明显转折点	20—30	20—30
第三类	MESH	景观指数呈上升趋势，具有明显转折点	20—30	20—30
第四类	LPI	景观指数波动变化，具有明显尺度转折点	20—30	20—30
第四类	SHEI	景观指数波动变化，具有明显尺度转折点	20—160	20—160

资料来源：扬州市自然资源与规划局，中国科学院地理科学与资源研究所资源环境科学与数据研究中心。

（二）研究幅度

根据研究区特征及相关文献（岳文泽等，2005；薛冬冬等，2012），选择香农多样性指数、边缘密度、分割度、蔓延度四个景观指数，利用 Fragstats 4.2 计算样本景观指数值，经正态转换后进行半方差分析，测度区域景观格局幅度效应。由于扬州市景观格局分析最优粒度是 30 米，因此选择 30 米的倍数作为研究幅度的选择标准。本研究选择 1800 米、2400 米、3000 米、3600 米作为研究幅度，用相应大小的网格与底图叠加，计算不同幅度下的各样本的景观格局指数，通过地统计学软件 GS+拟合不同幅度下景观

指数的半方差函数，分析不同指数的空间变异特征对尺度变化的响应。

1. 香农多样性指数

根据不同幅度下香农多样性指数的空间变异特征，多样性指数随着幅度的变异特征具有一定程度上的相似性，在各向同性的前提下，香农多样性指数不同幅度的半方差函数的参数如表4－7所示。伴随分割幅度的增加，香农多样性指数半方差函数的块金值 C_0 不断提高，从 1800 米的 0.56 增加到 3600 米的 0.80，块金效应逐渐增加，这是由于分割幅度较小时，会导致一个网格内景观类型较简单，仅有一种或两种景观类型，空间自相关较强，但较小的幅度掩盖了该尺度内部更小尺度上的变异特征，幅度掩盖的误差伴随幅度增加以块金效应体现出来。1800—3600 米，块金基台比 $C_0/(C_0+C)$ 不断增加，由 0.52 增加至 0.79，说明随机部分引起的空间异质性占总空间异质性比重逐渐增多。伴随幅度增加，半方差变程逐渐增长，原因在于香农多样性指数的大小取决于研究幅度范围内各类景观的规模以及景观类型的丰富程度，如果研究幅度小于某景观斑块的面积时，该幅度范围内的景观类型就会很少，相应的香农多样性指数便降低。因此，较小的研究幅度解释更多的景观局部变化，空间的自相关性较低，半变异函数的变程较小；当研究幅度增加时，掩盖了小尺度范围内的变异性特征，揭示更多的宏观变异特征。因此，3000 米对研究区景观格局研究是较好的分析幅度。

表4-7　不同幅度下香农多样性指数半方差函数参数

幅度	模型	块金值 C_0	基台值 C_0+C	块金值/基台值 $C/(C_0+C)$	变程 Range	残差 RSS	决定系数 R^2
1800.00	指数模型	0.56	1.09	0.52	66317.29	0.03	0.94
2400.00	球体模型	0.61	1.01	0.60	67270.17	0.02	0.96

续表

幅度	模型	块金值 C_0	基台值 $C_0 + C$	块金值/基台值 $C/(C_0+C)$	变程 Range	残差 RSS	决定系数 R^2
3000.00	球体模型	0.71	1.04	0.68	68217.48	0.04	0.87
3600.00	球体模型	0.80	1.02	0.79	69200.21	0.04	0.82

资料来源：扬州市自然资源与规划局，中国科学院地理科学与资源研究所资源环境科学与数据研究中心。

2. 密度

研究区的分割幅度从1800米增至3000米时，边缘密度指数的块金值 C_0 降低，说明分割幅度过小，造成景观斑块形状被分割，原有结构被破坏（Trangmar, B. R. S., 1986）。从3000米增至3600米时，块金值 C_0 伴随分割幅度增加而增加，掩盖3600米幅度内更小尺度的变异特征，幅度掩盖的误差以块金效应体现出来。块金值的增加，符合块金效应理论。边缘密度指数的块金基台比 $C_0/(C_0+C)$ 从1800米的0.50下降到2400米的0.47，反映随机部分引起的空间异质性占系统总的空间异质性比重随分割幅度增加而降低，进一步说明1800米的分割幅度过小，导致景观结构被破坏。而2400—3600米块金基台比从0.47增加至0.51，证明区域变量的随机部分造成的空间异质性对总空间异质性的贡献增加（薛冬冬等，2012），符合半方差函数基本规律。当分割幅度过小时，原有景观结构会被破坏；而分割幅度过大，会损失较多空间信息。因此，3000米对研究区景观格局研究是较好的分析幅度（见表4-8）。

表4-8　不同幅度下边缘密度指数半方差函数参数

幅度	模型	块金值 C_0	基台值 C_0+C	块金值/基台值 $C/(C_0+C)$	变程 Range	残差 RSS	决定系数 R^2
1800.00	指数模型	0.66	1.32	0.50	204000.00	0.03	0.95
2400.00	指数模型	0.61	1.29	0.47	161400.00	0.08	0.88

续表

幅度	模型	块金值 C_0	基台值 C_0+C	块金值/基台值 $C/(C_0+C)$	变程 Range	残差 RSS	决定系数 R^2
3000.00	球体模型	0.51	1.03	0.50	73500.00	0.06	0.89
3600.00	球体模型	0.55	1.06	0.51	68400.00	0.02	0.96

资料来源：扬州市自然资源与规划局，中国科学院地理科学与资源研究所资源环境科学与数据研究中心。

3. 分割度

研究区分割幅度从1800米增至3000米时，分割度指数的块金值 C_0 由0.13增加至0.48，但3600米的块金值 C_0 比1800米、2400米、3000米的都小，表明小于3600米的分割幅度偏小，会造成景观斑块被分割，景观结构被破坏。块金基台比 $C_0/(C_0+C)$ 从1800米的0.13增加至3000米的0.50，但3600米的块金基台比较1800米的小，反映了随机部分引起的空间异质性占总空间异质性的比重随着分割幅度的增大而减小，不符合半方差函数的规律，进一步证明3600米以下的景观分割幅度相对系统景观格局研究而言偏小（见表4-9）。

表4-9　不同幅度下分割度指数半方差函数参数

幅度	模型	块金值 C_0	基台值 C_0+C	块金值/基台值 $C/(C_0+C)$	变程 Range	残差 RSS	决定系数 R^2
1800.00	指数模型	0.13	0.98	0.13	4500.00	0.05	0.67
2400.00	指数模型	0.18	0.99	0.19	7200.00	0.05	0.72
3000.00	指数模型	0.48	0.95	0.50	19200.00	0.04	0.78
3600.00	指数模型	0.12	0.98	0.12	9000.00	0.03	0.75

资料来源：扬州市自然资源与规划局，中国科学院地理科学与资源研究所资源环境科学与数据研究中心。

4. 蔓延度

分割幅度从 1800 米增至 2400 米时，蔓延度指数的块金值 C_0 变大，符合半方差函数的理论，随着幅度的增加，块金效应逐渐增强，但 3000 米幅度的块金值比 1800 米和 2400 米的块金值都小，说明 1800 米和 2400 米分割幅度较小，破坏了景观结构。从 3000 米到 3600 米的尺度上，块金值 C_0 上升，说明伴随研究幅度的增加，网格内的景观类型数量变多，掩盖了 3600 米的较大幅度内的某些变异特征，幅度较高产生的误差表现为块金效应，符合块金效应理论。研究幅度从 1800 米增至 3000 米时，相应的块金基台比 $C_0/(C_0+C)$ 由 0.82 减少到 0.81，表明随机部分导致的空间异质性占总空间异质性的比重随着尺度的增大反而减小，不符合半方差函数的规律，这说明 3000 米以下的分割幅度相对研究区的景观格局研究而言过小；当分割幅度大于 3000 米时，块金基台比 $C_0/(C_0+C)$ 增加，表明空间变量空间异质性占总空间异质性的比重随研究尺度增加而变高，符合半方差函数的规律（见表 4-10）。

表 4-10　　不同幅度下蔓延度指数半方差函数参数

幅度	模型	块金值 C_0	基台值 C_0+C	块金值/基台值 $C/(C_0+C)$	变程 Range	残差 RSS	决定系数 R^2
1800.00	球体模型	0.88	1.08	0.82	69200.93	0.05	0.73
2400.00	球体模型	0.96	1.10	0.82	68220.36	0.06	0.43
3000.00	球体模型	0.84	1.03	0.81	67285.42	0.02	0.76
3600.00	球体模型	0.84	1.01	0.83	66316.72	0.01	0.81

资料来源：扬州市自然资源与规划局，中国科学院地理科学与资源研究所资源环境科学与数据研究中心。

综上所述，研究区分割幅度小于 3000 米时，各景观格局指数的空间规律会被小尺度的局部规律掩盖；分割幅度大于 3000 米时，景观格局指数分析会损失较多的空间规律信息，因此 3000 米分割幅度对于研究区景观系统而言是较好的分析尺度，故可将研究区划分为3000×3000米幅度的287个网格，用于城镇建设用地扩张的景观格局效应分析中。

三 区域景观格局变化

（一）景观水平景观格局变化

如表4-11显示，2005—2013年，研究区景观水平斑块数量（NP）降低、斑块密度（PD）降低、最大斑块指数（LPI）升高，说明研究区景观格局的破碎度降低；聚集度指数（AI）减少，说明景观中各分散景观斑块距离增加，集聚程度降低，景观连通性降低；斑块形状指数（LSI）不断增加，说明各景观斑块的形态趋于复杂化；辛普森均匀度指数（SIEI）不断减少，说明研究区景观多样性降低。综上，研究区景观破碎度降低，但连通度也降低，景观形状趋于多元，景观多样性降低。原因可能在于伴随研究区社会经济不断发展，人类对城镇建设用地等生产、生活性用地的景观需求增高，人类的土地开发活动日益频繁，造成许多细小斑块被城镇建设用地等生产性用地合并，造成景观破碎度变小、连通性降低、景观多样性降低、景观形状越来越复杂。

表4-11　　　　　　　景观水平的景观格局指数值

年份	NP	PD	LPI	AI	LSI	SIEI
2005	69037.00	10.47	19.76	87.81	167.16	0.85
2009	58174.00	8.83	35.22	87.20	175.39	0.81
2013	64623.00	9.80	33.20	86.33	187.23	0.82

资料来源：扬州市自然资源与规划局，中国科学院地理科学与资源研究所资源环境科学与数据研究中心。

（二）景观类型水平景观格局变化

1. 耕地

研究区耕地景观 NP 降低，PD 降低，LPI 降低，说明研究区景观破碎度降低，但斑块相对规模减小；耕地景观 AI 下降，说明其连通性降低；LSI 不断增加，耕地景观形状逐渐复杂。综上，研究区耕地景观破碎度降低、连通性减弱，形状趋于规则。伴随社会经济发展，研究区依托"城乡建设用地增减挂钩""万顷良田"等项目，对耕地实行整理改造，促使其集中连片，破碎度降低，有利于耕地保护与合理利用。但受成本—收益比的影响，耕地成为城镇建设用地等人工景观的主要经济供给来源，人类占用耕地时没有及时配套相关的耕地整理项目，造成耕地占用速度高于整理速度，导致剩余耕地景观形状不规则且连通性降低，不利于耕地机械化生产与提高耕地产量（见表4-12）。

2. 林地

2005—2013年研究区林地景观 NP 减少，PD 降低，LPI 变小，说明林地景观被侵占导致其破碎度不断降低；LSI 减小，景观形态趋于正方形，说明人类活动对林地景观的影响越来越大；林地景观 AI 增加，说明研究区林地景观连通性提高。人类开发利用土地过程中，对林地实施砍伐侵占，改变林地景观类型，造成其部分斑块消失；同时为满足游憩娱乐要求，人类改造林地景观成为重要的旅游景区，配套相关联通廊道便于游憩需求，故林地连通性逐渐增加。林地边界是景观物理意义上的天然屏障，影响物种的分布与分散，可阻止外来有害生物入侵，保护林地内部生物多样性，因此林地景观的这种非正常破碎度降低、形状规则化不利于景观内部生境的生态稳定，易造成生物多样性丧失（见表4-12）。

3. 草地

2005—2013年研究区草地景观 NP、PD、LPI 均降低，破碎度降低；草地景观 AI 增加，连通性下降；LSI 变小，形状逐渐趋于正方形。由于扬州市草地面积不大，受人为占用与改造影响较小（见表4－12）。

4. 水域

研究区水域景观 NP 降低、PD 降低、LPI 增加，说明水域景观破碎度降低；水域景观 AI 提高，说明其景观连通性增加；LSI 指数增加，说明研究区水域景观的形态越来越复杂。综上，扬州市水域景观破碎度降低，连通性增加，景观形态趋于复杂，说明水域景观受人类活动的干扰较少，水域景观内部生态系统的物质流、信息流保持通畅，有利于生物多样性的维持，同时减少洪水、泥石流等自然灾害的发生（见表4－12）。

5. 农村居民点

在研究时段，研究区农村居民点景观 NP 降低，PD 降低，LPI 变小，说明其规模减小导致破碎度降低；AI 增加，说明农村居民点连通性增强；LSI 变小，说明其形态规则化趋势明显。伴随研究区城市化进程不断推进，农村人口转变为城市人口，农村土地转变为城市土地是必然趋势。农村居民点是城镇建设用地扩张的主要经济供给来源，研究区依托现有城乡建设用地"增减挂钩""土地整治"项目，实施农村居民点整理，将其中一部分转变为城镇建设用地，部分实施集聚改造，从而造成研究区农村居民点景观的破碎度降低，连通性增加，形态日益规则，有利于改善农村居民的生活环境与生存条件，促进社会经济进步（见表4－12）。

6. 交通用地

研究区交通用地景观 NP 增加，PD 升高，LPI 上升，说明其规模不断扩大导致破碎度增加；AI 提升，说明交通用地景观连通性提高；LSI 不断增大，交通用地景观日趋不规则。交通用地景观作为较为重要的人工景观，受人类活动支配。交通用地可作为景观中的廊道,其功效是双重的:一方面,道路可以促进景观间的物质能量交换,使生态系统更加开放,起着通道作用。最明显的表现就是它的运输功能。公路运输可以跨越一个或几个生态系统或自然地带,而且可在数小时或数天内完成,这样就大大增加了生态系统之间物质和能量交换的范围和频率。另一方面,四通八达的道路网将均质的景观单元分成众多的斑块,在一定程度上影响景观的连通性,阻碍生态系统间物质和能量的交换,导致物质和能量的时空分异,增加景观异质性。城市化、工业化的进步要求区域交通基础设施配套完善,以满足生活、生产的物质与信息交流,因而交通用地景观不断扩大。由于交通用地景观呈现线状、放射性布局,因而规模扩大的同时斑块密度与数量增加,密集程度提高,形状偏离正方形(见表4-12)。

表4-12　　　　景观类型水平的景观格局指数值

景观指数/土地利用分类	年份	耕地	林地	草地	水域	农村居民点	交通用地	未利用地
NP	2005	14848.00	2636.00	1032.00	26180.00	17905.00	6639.00	4265.00
	2009	14545.00	766.00	198.00	12922.00	10443.00	15890.00	531.00
	2013	14282.00	838.00	136.00	14965.00	11908.00	18697.00	659.00
PD	2005	2.74	0.40	0.16	3.97	2.72	1.01	0.65
	2009	2.21	0.12	0.03	1.96	1.58	2.41	0.08
	2013	2.17	0.13	0.02	2.27	1.81	2.84	0.10
LPI	2005	0.87	0.04	0.03	19.76	0.38	0.08	0.01
	2009	0.11	0.02	0.01	35.22	0.05	0.84	0.02
	2013	0.16	0.02	0.01	33.20	0.05	1.47	0.02
AI	2005	91.88	78.40	71.53	86.94	75.10	51.13	60.96
	2009	90.14	82.98	80.14	83.55	81.00	80.89	81.42
	2013	86.84	82.10	79.06	89.22	81.49	77.91	80.52

续表

景观指数/土地利用分类	年份	耕地	林地	草地	水域	农村居民点	交通用地	未利用地
LSI	2005	165.44	68.50	42.74	176.37	217.74	126.99	80.26
	2009	183.95	40.58	19.31	173.41	159.74	179.71	27.80
	2013	191.06	43.11	15.24	185.79	171.45	199.59	32.92

资料来源：扬州市自然资源与规划局，中国科学院地理科学与资源研究所资源环境科学与数据研究中心。

7. 未利用地

未利用地在扬州市分布极少，因而研究时段景观指数测度结果精确度不高，差异也不显著。NP 降低，PD 降低，LPI 差异不大，破碎度没有明显变化；AI 上升，集聚度增加；LSI 减少，说明人类影响较大。近年来，部分宜耕未利用地复垦成为耕地，部分宜建未利用地用于城镇建设用地开发，未来可继续改造为人类生活、生产性景观（见表 4-12）。

第五节 本章小结

第一，景观水平的景观格局研究表明，2005—2013 年研究区的景观破碎度降低，但连通度也降低，景观形状趋于多元，景观多样性降低。原因可能在于伴随研究区社会经济不断发展，人类对城镇建设用地等生产、生活性用地的景观需求增高，人类的土地开发活动日益频繁，造成许多细小斑块被城镇建设用地等生产性用地合并，造成景观破碎度变小、连通性降低、景观多样性降低、景观形状越来越复杂。

第二，区域景观格局幅度效应研究结果表明，研究区分割幅度小于 3000 米时，各景观格局指数的空间规律会被小尺度的局部规律掩盖；分割幅度大于3000米时，景观格局指数分析会损失较多的空间规律信息，因此3000米分割幅度相对研究区景观系统而言是较好的分析尺度，故可将研究区划分为3000×3000米幅度的287个网格，用于城镇建设用地扩张的景观格局效应分析中。

第三，景观类型水平的景观格局研究表明，2005—2013年各景观类型的景观格局变化较大：耕地景观破碎度降低，连通性减弱，形状趋于规则；林地、草地景观破碎度降低，连通性增加，形态趋于规则；水域景观破碎度降低，连通性增加，景观形态趋于复杂；农村居民点景观破碎度逐渐降低，连通性提高，形状越来越规则；交通用地景观破碎度增加，连通性提高，形状偏离正方形；未利用地在扬州市分布极少，因而研究时段景观指数测度结果精确度不高，差异也并不显著。

第五章 城镇建设用地扩张特征及影响机制研究

城镇建设用地作为区域景观整体的重要组成部分，是一种重要的人工景观类型，其扩张表现为内部变化与外部变化两方面特征。内部变化特征即城镇建设用地景观的景观格局变化，这种变化不会对外部景观造成影响；而外部变化特征会对其他景观类型及景观整体造成影响。因此，本章从内部特征与外部特征两方面分析城镇建设用地扩张的特征：基于景观格局指数方法，从破碎度、连通性、景观形状等方面选择相应的景观格局指数，分析城镇建设用地作为一种景观类型变化的内部特征；从城镇建设用地扩张规模、扩张强度、扩张方向等方面，研究城镇建设用地扩张的外部特征；采用土地变更调查数据，运用空间叠置分析方法研究城镇建设用地规模的变化，通过扩张强度指数分析城镇建设用地扩张的强度，借助扇形分析与圈层分析明确城镇建设用地扩张方向，并分析城镇建设用地扩张的区域差异。同时，基于供求理论，从资源禀赋、技术水平、区位条件、集约程度、政策制度、人口增长、经济发展等方面选择影响城镇建设用地扩张的指标，利用逐步回归分析剔除多重共线性指标，通过通径分析识别城镇建设用地规模扩张的主要要素，分析其直接作用与间接作用路径，深入探讨城镇建设用地扩张的影响机制，为城镇建设用地规模管控政策的制定提供参考。

第五章　城镇建设用地扩张特征及影响机制研究　/　63

第一节　城镇建设用地扩张特征分析

一　城镇建设用地扩张内部特征分析

伴随社会经济不断发展，城镇建设用地逐渐扩张，原有城镇建设用地的景观斑块规模会不断增加，扩张过程中不断入侵、吞并其他景观类型，并生成新的城镇建设用地增长中心及斑块，景观破碎度会逐渐变高。在城镇化发展初期，由于融入城镇建设用地内部的异质性景观未被充分融合，导致城镇建设用地斑块数目与斑块密度不断增加，斑块形状不均一，斑块间连通性降低；随着城镇化继续发展，未被融合的异质性景观小斑块被逐渐吞并，且碎、小的城镇建设用地斑块逐渐合并，形成多个大斑块。同时，随着城镇化的发展，城镇人口迅速增加，对城镇建设用地的改造、更新活动越来越多，景观形态越来越均一，景观形状越来越规则。随着城镇建设用地景观组团规模不断扩大，辐射作用越来越强，组团间的连通性随之增加（梁发超等，2015；阳文锐，2015；张洪等，2013）。因此，可从破碎度、集聚度、连通性等方面研究城镇建设用地扩张过程中其景观类型格局的变化情况。

城镇建设用地景观类型格局可通过景观格局指数的测算得到。景观格局指数分析是景观格局分析的最普遍的一种方法。景观格局指数通过构建数学公式模型测度区域景观格局信息，可高度体现区域景观格局信息，充分表达研究区景观的破碎度、形态、连通性等结构组成或重建配置情况。通常情况下，景观格局指数具有单个斑块（Individual Patch）、若干斑块组成的斑块类型（Patch Type 或 Class）与若干斑块类型组成的景观镶嵌体（Landscape Mosaic）三个层面，即斑块水平景观格局指数、斑块类型水平景观格局指数、景观水平景观格局指数。Fragstats 4.2 软件是计算景观格局指数的通用软件，可从斑块水平、景观类型水平和景观水平定量测度景观格局指数。可根据研究目的输入目标景观，选择不同层次的不同景观格局指数。因此，本章借助 Fragstats 4.2 工具，选择 NP、PD、LPI 衡量城镇建设用地破碎度；选择 LSI 作为衡量景观形状的重要指数；选择 AI 作为衡量景观连通性的重要指数（见表 5-1）。

表 5-1　　　　　　　景观格局指数及解释

景观格局指数	公式	说明
NP	$NP = N$	景观中斑块的总数；$NP \geq 1$，无上限
PD	$PD = N/A$	每平方千米的斑块数；$PD > 0$，无上限
LPI	$LPI = \dfrac{Max(a_1, \cdots, a_i)}{A}(100)$	$Max(a_1, \cdots, a_i)$ 为景观中最大斑块的面积（m^2）；A 为景观总面积（m^2）；取值范围：$0 < LPI \leq 100$；E 为景观中所有斑块边界的总长度（m）
LSI	$LSI = \dfrac{0.25E}{\sqrt{A}}$	A 为景观总面积（m^2）；0.25 为正方形较正常数；$LSI \geq 1$，无上限；当景观中斑块形状不规则或偏离正方形时，LSI 值变大
AI	$AI = \left[\dfrac{g_{ij}}{\max \to g_{ij}}\right](100)$	g_{ij} 景观类型的相似邻接斑块数量；$\max \to g_{ij}$ 表示该景观类型最大程度上丛生为一个斑块时的最大值；$0 \leq AI \leq 100$，AI 越大，集聚程度越高

资料来源：邬建国：《景观生态学：格局、过程、尺度与等级》（第2版），高等教育出版社2007年版。

二　城镇建设用地扩张外部特征分析

利用 2005 年、2009 年、2013 年三期土地利用变更图及 2005—2013 年的土地利用变更数据，从城镇建设用地扩张规模、扩张强度、扩张方向等方面研究三个时相区域城镇建设用地扩张的外部特征。采用土地变更调查数据，运用空间分析方法研究城镇建设用地规模的变化，通过扩张强度指数分析城镇建设用地扩张强度，借助扇形分析与圈层分析明确城镇建设用地扩张方向，并分析城镇建设用地扩张的区域差异。

（一）基于叠置分析的扩张规模测算

叠置分析是地理信息系统（ArcGIS）空间分析模块的重要组成部分，通常是指根据研究目标，将具有不同属性或信息但有统一比例尺的相同地区的图形文件或数据文件进行叠置，通过建立基于各要素的、多重属性的组合型新图层，综合评价结构与属性上相互重叠、相互联系但又具有不同特征的多现象要素，或评价同一区域不同时期的多时相特征，进而深入掌握各种要素的内在联系与差异，了解其发展规律。叠置分析可进行空间关系与属性关系的比较，可分为点与多边形叠置、线与多边形叠置、多边形与多边形叠置。点与多边形叠置是将点图层设置为输入图层，并与多边形面状图层叠加，通过计算点与面的相对位置关系，判断点是否与面重合，将具有相同位置关系的、包含两种图层属性的点图层挑选出来并输出。线与多边形叠置可将线状图层作为输入图层，通过与面状图层中各图斑要素的空间位置识别进行叠置分析；与点叠置分析不同的是，一条线状要素通常跨越多个面状图斑，每次通过面状图斑都会生成一个节点，多个节点将一条线状要素分割成多条线段，面状图斑属性信息被赋值在所属范围内的线段上，生成多个具有线、面多重属性的线段组成新的线状图层并输出；输出的新线状图层与输入的图层无法一一对应，但可确定每条线段在面状图层中的具体位置，也可查询面状图层要素中指定线段的长度。多边形与多边形的叠置分析过程更多元，将面图层输入后，两个面状图层各斑块几何相交，原有面状要素被相互切割为新的弧段，求出所有边界的交点，根据交点信息重新建立拓扑关系，并对新生成的拓扑斑块赋新的标识码与属性表,进而输出具有两个面状图层要素属性的新的面状图层(牟秋蔷,2011)。

(二)基于扩张强度指数的扩张强度计算

通过计算城镇建设用地扩张强度指数式(5-1),计算城镇建设用地扩张强度。城镇建设用地扩张强度指数是指将研究期内各研究单元城镇建设用地年均增长速度进行标准化处理,使不同时期城镇建设用地扩张速度具有可比性,以反映城镇建设用地扩张的空间差异(段学军等,2009;王宏志等,2011)。其计算公式为:

$$E_i = \frac{CLA_{i,t+n} - CLA_{i,t}}{TCLA_i \times n} \times 100\% \qquad (5-1)$$

式(5-1)中,E_i 为评价单元 i 的年均城镇建设用地扩张强度指数;$TCLA_i$ 为评价单元 i 的总面积,$CLA_{i,t+n}$ 与 $CLA_{i,t}$ 表示第 $t+n$ 年与 t 年的建设用地面积;n 为研究时段长度。

(三)基于扇形分析与圈层分析的扩张方向识别

扇形与圈层分析方法能够很好地表征城镇建设用地扩张的方向特征。其中,借助城镇建设用地扩张强度指数式(5-1),计算并对比分析各方向的扩张强度,可识别城镇建设用地扩张的方位分异特征,但不能得到城镇建设用地随到扩张中心距离的变化特征;圈层分析可通过缓冲区分析,描述随到扩张中心距离的变化、城镇建设用地的扩张特征,但不能揭示扩张方向的分异特征(渠爱雪等,2011;陈江龙等,2011)。因此,本章将扇形分析与圈层分析结合,计算不同扩张方向上的、离扩张中心不同距离的城镇建设用地扩张特征,对城镇建设用地扩张方向特征进行识别。

1. 扇形分析

扇形分析方法首先确定研究区扩张中心(市中心、镇中心),以此为圆心选取能包括所有城镇建设用地的半径长度,划出分析圆周;根据研究目标与研究区土地利用特征,将圆周划分为多个等夹角的扇形区域,并与各时相土地利用变更图进行叠置分析,计算不同方向的城镇建设用地扩张强度,根据强度大小判断主要扩张方向。由于研究区以中心城区为城镇建设用地扩张核心区,且市政府位于中心城区,因此,本章选取扬州市政府所在地作为扇形分析的圆心,选取能包含研究区全域的113.82千米为半径,以北偏东11.25°为起点,将扬州市划分成16个夹角相等的扇形区域,叠加2005年、2009年、2013年土地利用变更图,计算不同方位的城镇建设用地扩张强度。

2. 圈层分析

圈层分析以扩张中心或研究区市(县)中心作为原点,根据研究目标设定多个宽度相同的圈层缓冲带,叠加不同时相的土地利用变更数据,分析城镇建设用地在不同圈层的扩张特征。根据研究目标与研究区城镇建设用地分布特征,选取扬州市政府作为圈层分析的圆心,以2千米作为半径增长长度,生成覆盖全研究区的58个缓冲环,分别对2005年、2009年、2013年的城镇建设用地进行切割,获取不同圈层城镇建设用地分布信息。

第二节 城镇建设用地扩张影响机制研究

一 城镇建设用地扩张影响因素选择

商品价格受供给与需求制约,供求关系是市场机制运行的基础(刘书楷等,2002;张耀宇等,2016)。市场经济条件下,作为生产要素之一的土地以"特殊商品"形式进入市场,必然受到供求关系的影响(张文新,2004),因此土地的时空配置结构一定会符合供求理论的内在规律(薛冬冬等,2012;张文新,2004)。城镇建设用地扩张不仅受区域供给能力的制约,同样也受社会经济发展需求的影响，城镇建设用地规模实际上是土地供给与需求相互作用下的动态均衡（张文新，2004；胡银根等，2016）。土地资源的自然供给与经济供给是制约城镇建设用地开发利用空间的关键，由于城镇建设用地的特定用途——用于城市发展，城镇建设用地的经济供给以无弹性的自然供给为基础，并受资源禀赋、技术水平、区位条件、土地利用集约化程度等条件制约（张文新，2004；徐霞，2007）；同时，土地资源配置不会完全按照市场规则自发运行，城镇建设用地供给还受政府宏观调控行为制约（张文新，2004），政府拥有城镇土地所有权和实际上的集体土地开发权，政策制度直接决定城镇建设用地的经济供给规模。而伴随社会经济快速发展，人口增长与经济发展需要更多生活与生产空间，促使城镇建设用地需求量的不断增长。有限的城镇建设用地供给与不断增长的需求依托供求关系，通过市场运行机制的调节作用，最终决定区域的城镇建设用地扩张规模。因此，本章从土地供给与需求角度，构建城镇建设用地扩张的影响因素的理论分析框架（见图 5 – 1）。

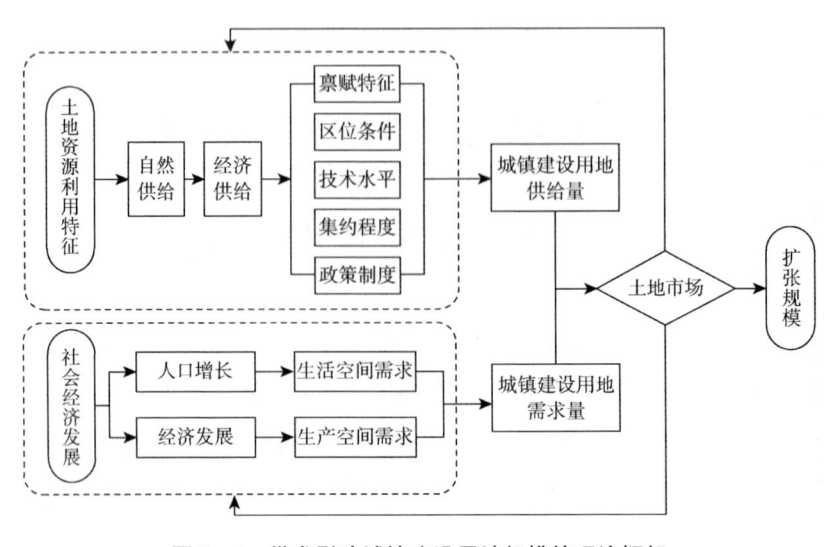

图 5 – 1 供求影响城镇建设用地规模的理论框架

资料来源：作者自绘。

(一) 供给要素

1. 禀赋特征

区域禀赋特征决定了土地的自然供给，进而影响经济供给弹性（陈莹等，2010；胡银根等，2016）。扬州市地形自西向东呈扇形逐渐倾斜，对城镇建设用地供给适宜性造成一定影响，城镇建设用地宜布局在地势平坦地区，高程、坡度越高，供给能力越差（张文新，2004；王海鹰等，2009；杨子生，2016）；城镇建设用地扩张主要通过占用耕地实现，耕地是城镇建设用地供给的主要来源（张文新，2004；王博等，2014），因此本章选取平均高程、平均坡度、耕地规模作为衡量区域禀赋特征的指标（见表5-2）。

表5-2　　各乡（镇）平均高程、平均坡度、耕地规模

单位：米，度，公顷

编号	乡（镇）名称	平均高程	平均坡度	耕地规模 2005年	耕地规模 2009年	耕地规模 2013年
1	安宜镇	4.51	0.54	7718.73	4840.31	5099.97
2	曹甸镇	0.61	0.37	7833.81	4284.22	4527.96
3	车逻镇	2.91	0.48	3917.29	2326.53	2419.84
4	陈集镇	31.32	0.93	6372.96	1977.40	2492.04
5	城北乡	12.26	0.51	807.15	132.78	142.24
6	城南经济新区	3.04	0.46	1383.29	425.93	387.76
7	大桥镇	4.28	0.45	8782.83	5450.98	5567.68
8	大仪镇	23.97	0.74	8912.91	3079.07	3557.80
9	丁沟镇	3.16	0.42	5438.47	3594.59	3716.50
10	丁伙镇	4.59	0.44	4849.28	1101.15	1261.17
11	樊川镇	2.40	0.43	8271.20	4690.82	4897.65
12	范水镇	4.37	0.57	9856.86	6963.35	7292.50
13	方巷镇	11.17	0.58	4955.66	1106.87	1547.85
14	甘垛镇	1.58	0.34	8248.86	6051.07	6163.86
15	甘泉镇	26.61	0.77	2722.38	165.47	209.97

续表

编号	乡（镇）名称	平均高程	平均坡度	耕地规模 2005年	耕地规模 2009年	耕地规模 2013年
16	高邮镇	3.87	0.54	1829.50	258.03	214.29
17	公道镇	8.77	0.58	4057.49	1052.81	1174.82
18	瓜洲镇	3.27	0.36	2618.98	1068.44	1091.80
19	广洋湖镇	0.45	0.41	4779.76	3307.72	3558.52
20	郭村镇	3.19	0.43	7066.20	3976.76	4265.64
21	邗上街道	0.00	0.00	4.66	0.00	0.00
22	杭集镇	3.80	0.46	1549.13	851.00	838.32
23	槐泗镇	12.70	0.53	4121.00	1385.76	1655.20
24	黄塍镇	1.67	0.41	3215.34	1235.28	1350.22
25	蒋王街道	5.71	0.37	779.16	258.80	245.80
26	界首镇	2.62	0.53	4052.60	2719.79	2557.84
27	泾河镇	3.24	0.45	6607.36	3830.40	4122.63
28	李典镇	3.20	0.42	2868.90	1792.25	1837.05
29	临泽镇	2.00	0.41	11239.59	6805.43	7320.71
30	菱塘回族乡	9.59	0.53	2728.28	1067.43	1114.54
31	刘集镇	28.43	1.12	7255.71	1735.72	2588.69
32	柳堡镇	1.53	0.43	7799.88	4509.29	4759.68
33	龙虬镇	1.86	0.47	4080.73	1303.98	1459.03
34	鲁垛镇	1.52	0.38	4527.94	3544.18	3681.26
35	马集镇	24.50	1.18	7604.61	1595.13	1821.03
36	平山乡	15.67	0.60	258.14	40.40	47.41
37	浦头镇	3.84	0.45	3020.39	1830.03	1853.68
38	青山镇	40.75	1.71	2580.92	543.01	759.68
39	三垛镇	1.75	0.43	9367.09	5261.08	5564.17
40	沙头镇	3.87	0.47	2971.69	1773.18	1819.79
41	山阳镇	5.29	0.46	7501.49	4165.04	4362.00
42	邵伯镇	3.00	0.50	6378.20	1709.84	1952.06
43	射阳湖镇	0.46	0.34	12014.14	7429.28	7912.04
44	双桥乡	7.86	0.43	62.07	0.00	0.00
45	送桥镇	10.99	0.54	10460.25	4104.60	4164.95

续表

编号	乡（镇）名称	平均高程	平均坡度	耕地规模 2005年	耕地规模 2009年	耕地规模 2013年
46	泰安镇	8.73	0.72	1417.67	355.27	485.63
47	汤汪乡	5.84	0.40	475.37	106.09	41.02
48	汤庄镇	1.61	0.38	9403.47	5266.55	5534.71
49	头桥镇	3.25	0.43	3095.88	2142.02	2205.09
50	湾头镇	6.28	0.51	802.09	318.90	343.94
51	望直港镇	1.13	0.38	6033.43	4760.79	4854.22
52	吴桥镇	4.55	0.43	4046.36	3016.03	3075.55
53	武坚镇	2.05	0.36	6074.53	2981.25	3132.78
54	西安丰镇	0.10	0.39	3386.80	2044.73	2247.42
55	西湖镇	25.57	0.82	1228.81	149.00	139.94
56	夏集镇	2.59	0.46	8342.53	7196.49	7469.93
57	仙女镇	5.48	0.46	7620.72	2675.18	2589.70
58	小官庄镇	2.68	0.42	3531.13	2318.70	2340.50
59	小纪镇	2.13	0.40	12553.23	5693.42	5785.65
60	卸甲镇	1.99	0.44	10937.12	3353.93	3857.14
61	新城镇	11.05	0.76	4815.10	1694.16	1556.35
62	新集镇	8.87	0.65	4708.36	1850.41	1820.61
63	杨庙镇	17.13	0.79	1937.62	355.14	457.25
64	宜陵镇	4.71	0.45	4094.24	2006.53	2103.90
65	月塘乡	41.32	1.30	9283.10	1258.67	1740.48
66	真武镇	2.66	0.47	5318.24	1780.89	2041.09
67	真州镇	14.24	0.82	3370.44	1064.69	1132.46
68	周山镇	2.39	0.55	3867.42	2095.13	2327.19
69	高邮经济开发区	2.28	0.48	3357.28	1299.49	1229.58

资料来源：扬州市自然资源与规划局，中国科学院地理科学与资源研究所资源环境科学与数据研究中心。

2. 区位条件

到中心城区距离是影响城镇建设用地扩张最重要的区位因素（李小建，2002），距市中心越近，受其辐射作用影响，社会经济活动强度提高,土地转变为城市的可能性越大(赵乐等,2010);而较高的交通通达度能够显著提高接受外部市场辐射的便利度、降低运输成本,从而提高区域的土地经济供给(张文新,2004;曹广忠等,2010)。因此,本章选择到市中心距离与交通通达度作为衡量区位条件的指标(见表5-3)。

3. 技术水平

根据索洛式增长理论,技术水平进步会提高劳动的边际报酬率,土地的重要性会降低(Hansen, G. D. et al., 2002),有利于增加单位土地资本投入,提高土地资源的经济供给(张文新,2004;姜海等,2008),故选择代表技术投入水平的R&D经费内部支出作为衡量区域技术水平的指标(见表5-4)。

4. 集约程度

根据哈罗德—多马模型(Harrod-Domar)与阿罗模型(Arrow),集约利用水平反映土地—资本的替代关系,若其他变量不变,仅考虑土地与资本两个要素对经济的贡献,资本可拉动经济增长,土地与资本可实现技术替代(梁华等,2010),故本章选择地均固定资产投资作为衡量土地集约程度的指标(孔伟等,2014)(见表5-5)。

5. 政策制度

地方政府既是土地市场的管理者,又是土地一级市场的垄断供应者(王丰龙等,2013),这一双重身份使得地方政府往往通过土地出让增加财政收入。尤其是20世纪90年代分税制改革以后,地方政府以自有可支配收入最大化为目标,而现行土地产权与管理制度又不完善,为缓解地方财政压力,地方政府便通过土地征收与出让"以地生财,以财生地","土地财政"成为提升地方政府财政收入与政绩的重要手段(刘云刚等,2010;刘琼等,2014;Hsing, Y. T., 2010)。但不同区域地方政府的土地调控政策与监管力度存

表 5-3　　各乡（镇）到市中心距离与交通通达度

单位：米，%

编号	乡（镇）名称	到市中心距离	交通通达度 2005 年	交通通达度 2009 年	交通通达度 2013 年	编号	乡（镇）名称	到市中心距离	交通通达度 2005 年	交通通达度 2009 年	交通通达度 2013 年
1	安宜镇	93038.86	0.92	2.99	2.61	17	公道镇	23195.75	0.06	2.57	1.62
2	曹甸镇	105154.30	0.63	2.16	2.12	18	瓜洲镇	14425.61	1.74	8.83	7.00
3	车逻镇	34348.62	0.86	3.38	5.22	19	广洋湖镇	93927.78	0.17	0.47	0.42
4	陈集镇	22481.79	0.71	5.90	4.30	20	郭村镇	37473.00	0.19	3.24	2.66
5	城北乡	5376.01	1.64	4.51	4.29	21	祁上街道	2297.19	9.88	9.01	9.01
6	城南经济新区	39440.91	0.81	3.60	14.96	22	杭集镇	12042.22	1.78	4.16	6.66
7	大桥镇	30944.66	1.09	5.58	5.11	23	槐泗镇	8476.01	0.88	5.30	4.74
8	大仪镇	23834.98	0.82	5.80	3.81	24	黄塍镇	101125.70	0.41	1.43	1.55
9	丁沟镇	33438.12	0.11	4.27	3.30	25	蒋王街道	5338.61	1.65	14.52	12.57
10	丁伙镇	23178.40	1.05	8.27	6.68	26	界首镇	66238.83	0.70	1.81	1.64
11	樊川镇	36782.35	0.37	3.59	3.24	27	泾河镇	104616.00	2.41	2.90	2.54
12	范水镇	77876.22	1.19	1.91	1.78	28	李典镇	19887.86	0.02	1.79	2.43
13	方巷镇	15024.54	0.13	4.48	3.36	29	临泽镇	71758.05	0.25	1.70	1.65
14	甘垛镇	61241.63	0.22	1.59	1.55	30	菱塘回族乡	36815.67	0.53	3.75	2.53
15	甘泉镇	11157.70	0.03	8.09	4.76	31	刘集镇	13769.96	0.26	6.48	4.27
16	高邮镇	42146.83	2.30	4.46	5.91	32	柳堡镇	84016.03	0.55	0.86	0.74

续表

编号	乡（镇）名称	到市中心距离	交通通达度 2005年	交通通达度 2009年	交通通达度 2013年
49	头桥镇	23408.30	0.10	1.43	1.13
50	湾头镇	8405.25	1.40	8.75	9.75
51	望直港镇	93811.06	1.12	1.81	1.77
52	吴桥镇	32694.34	0.36	2.73	2.54
53	武坚镇	52724.58	0.04	0.89	0.88
54	西安丰镇	108495.67	0.28	1.59	1.54
55	西湖镇	4229.52	3.40	5.50	5.59
56	夏集镇	77908.12	0.50	1.61	1.51
57	仙女镇	17063.44	2.05	6.71	7.03
58	小官庄镇	86923.76	1.39	1.68	1.54
59	小纪镇	43491.14	0.39	3.38	3.04
60	卸甲镇	39079.75	0.59	3.17	2.80
61	新城镇	20350.42	1.14	7.53	6.41
62	新集镇	12238.76	1.08	7.63	6.79
63	杨庙镇	9054.76	0.48	5.73	4.89
64	宜陵镇	26881.53	0.36	7.24	6.47

编号	乡（镇）名称	到市中心距离	交通通达度 2005年	交通通达度 2009年	交通通达度 2013年
33	龙虬镇	51827.62	0.70	2.90	3.24
34	鲁垛镇	89652.42	0.70	0.92	0.87
35	马集镇	24810.47	0.30	4.57	4.87
36	平山乡	4756.90	3.11	8.79	8.01
37	浦头镇	39096.34	0.53	2.95	2.19
38	青山镇	34883.83	0.59	5.52	6.29
39	三垛镇	53458.36	0.42	1.78	1.67
40	沙头镇	13325.32	0.06	6.33	5.57
41	山阳镇	98368.23	0.61	1.10	0.81
42	邵伯镇	23089.76	0.76	2.47	2.33
43	射阳湖镇	101582.09	0.32	0.70	0.63
44	双桥乡	1116.43	6.00	2.25	2.23
45	送桥镇	30563.84	0.41	7.45	7.12
46	泰安镇	11631.50	0.60	5.82	4.14
47	汤汪乡	5243.95	2.21	11.67	16.32
48	汤庄镇	48852.00	0.24	2.01	1.73

续表

编号	乡（镇）名称	到市中心距离	交通通达度 2005年	交通通达度 2009年	交通通达度 2013年	编号	乡（镇）名称	到市中心距离	交通通达度 2005年	交通通达度 2009年	交通通达度 2013年
65	月塘乡	29022.57	0.30	5.91	3.38	68	周山镇	63041.00	0.46	1.60	1.49
66	真武镇	27943.63	0.82	2.67	2.18	69	高邮经济开发区	46249.35	1.47	5.13	5.95
67	真州镇	26951.95	4.50	9.35	8.95						

资料来源：扬州市自然资源与规划局，中国科学院地理科学与资源研究所资源环境科学与数据研究中心。

表 5-4　　各乡（镇）R&D 经费内部支出　　单位：万元

编号	乡（镇）名称	R&D 经费内部支出			编号	乡（镇）名称	R&D 经费内部支出		
		2005 年	2009 年	2013 年			2005 年	2009 年	2013 年
1	安宜镇	93719.31	3765.12	5775.08	17	公道镇	118946.08	6572.78	9557.59
2	曹甸镇	93750.77	3603.79	6510.43	18	瓜洲镇	111375.67	7098.23	16249.81
3	车逻镇	108637.99	5560.28	7596.47	19	广洋湖镇	95622.37	3652.50	5717.55
4	陈集镇	118155.38	7011.09	11645.87	20	郭村镇	119100.85	5569.13	10828.62
5	城北乡	128222.63	7473.96	14570.93	21	邗上街道	122537.37	7565.22	15229.06
6	城南经济新区	101228.11	5232.04	6806.49	22	杭集镇	116998.15	6679.29	18111.53
7	大桥镇	112433.98	5998.16	14796.58	23	槐泗镇	130615.33	7524.90	12705.40
8	大仪镇	119486.74	6911.68	10597.50	24	黄塍镇	93258.14	3630.84	6362.47
9	丁沟镇	124080.53	5621.54	9526.84	25	蒋王街道	118510.58	7447.29	15084.81
10	丁伙镇	127219.52	6180.84	11665.84	26	界首镇	87816.00	4101.90	4821.59
11	樊川镇	114233.61	5339.29	7925.83	27	泾河镇	95924.49	3777.99	6899.10
12	范水镇	90319.09	3823.82	4912.94	28	李典镇	110073.07	6453.57	18265.11
13	方巷镇	126665.01	7178.60	11052.52	29	临泽镇	89773.97	3919.46	4812.32
14	甘垛镇	93289.51	4265.70	5432.00	30	菱塘回族乡	107585.04	5970.00	8293.60
15	甘泉镇	128626.43	7744.86	12207.10	31	刘集镇	121032.26	7380.67	12426.47
16	高邮镇	97863.81	5137.49	6575.62	32	柳堡镇	91091.12	3640.93	4934.91

续表

编号	乡(镇)名称	R&D 经费内部支出 2005 年	R&D 经费内部支出 2009 年	R&D 经费内部支出 2013 年	编号	乡(镇)名称	R&D 经费内部支出 2005 年	R&D 经费内部支出 2009 年	R&D 经费内部支出 2013 年
33	龙虬镇	85915.06	4320.22	5059.12	49	头桥镇	110058.30	6272.94	17163.99
34	鲁垛镇	91257.24	3495.64	5201.36	50	湾头镇	123779.41	7069.44	16114.94
35	马集镇	113463.39	6919.50	12815.11	51	望直港镇	90866.18	3490.44	5605.56
36	平山乡	130093.03	7890.89	13759.32	52	吴桥镇	119380.45	5840.84	12717.16
37	浦头镇	111649.32	5733.72	12979.09	53	武坚镇	106877.92	4809.27	7077.85
38	青山镇	107149.19	6685.57	12353.50	54	西安丰镇	96260.74	3669.39	7001.53
39	三垛镇	89437.02	4281.02	5186.89	55	西湖镇	127055.66	7831.48	13777.46
40	沙头镇	111893.24	6769.47	18392.41	56	夏集镇	89071.02	3803.29	4723.94
41	山阳镇	97366.76	3959.89	6815.83	57	仙女镇	123041.08	6492.78	15027.05
42	邵伯镇	123271.69	6450.79	10446.21	58	小官庄镇	90144.32	3520.47	4978.15
43	射阳湖镇	95106.11	3613.31	6411.33	59	小纪镇	114091.50	5136.57	8083.14
44	双桥乡	124977.17	7636.71	15019.85	60	卸甲镇	102192.47	5054.94	6747.92
45	送桥镇	111895.36	6240.96	8805.42	61	新城镇	113922.68	7089.46	13964.29
46	泰安镇	128064.19	7069.82	14169.84	62	新集镇	116621.81	7325.44	14294.51
47	汤汪乡	119313.78	7217.05	16842.95	63	杨庙镇	123152.94	7642.53	13504.60
48	汤庄镇	101251.91	4733.86	6448.14	64	宜陵镇	125800.35	5940.93	11960.59

续表

编号	乡（镇）名称	R&D 经费内部支出		
		2005 年	2009 年	2013 年
65	月塘乡	112739.36	6789.09	11823.01
66	真武镇	120793.72	5947.59	9301.54
67	甘泉镇	110537.36	6847.74	13314.15
68	周山镇	86462.19	4075.16	4718.09
69	高邮经济开发区	88131.05	4608.30	5521.54

资料来源：2006—2014 年《扬州统计年鉴》及各区（县、市）统计年鉴。

表 5-5　各乡（镇）地均固定资产投资

单位：万元/公顷

编号	乡（镇）名称	地均固定资产投资 2005 年	2009 年	2013 年	编号	乡（镇）名称	地均固定资产投资 2005 年	2009 年	2013 年
1	安宜镇	26.70	22.87	42.82	17	公道镇	104.46	66.16	97.61
2	曹甸镇	78.88	70.12	73.96	18	瓜洲镇	125.29	61.23	60.53
3	车逻镇	143.68	82.10	118.65	19	广洋湖镇	100.65	101.15	166.16
4	陈集镇	91.64	27.99	45.59	20	郭村镇	45.31	34.16	57.99
5	城北乡	165.61	79.67	63.22	21	邗上街道	215.91	169.63	266.31
6	城南经济新区	262.49	119.48	207.40	22	杭集镇	101.43	59.63	81.42
7	大桥镇	31.81	17.81	24.20	23	槐泗镇	101.23	38.46	38.47
8	大仪镇	81.17	27.91	32.80	24	黄塍镇	134.20	120.64	194.76
9	丁沟镇	34.36	39.51	71.02	25	蒋王街道	272.57	114.95	238.23
10	丁伙镇	87.23	53.48	109.80	26	界首镇	126.77	88.42	198.10
11	樊川镇	59.05	46.03	94.85	27	泾河镇	68.99	45.41	92.05
12	范水镇	35.25	30.51	49.65	28	李典镇	82.50	55.36	76.98
13	方巷镇	100.31	39.64	53.00	29	临泽镇	39.36	29.26	55.86
14	甘垛镇	78.81	77.48	112.78	30	菱塘回族乡	129.20	68.00	166.16
15	甘泉镇	124.83	50.70	58.39	31	刘集镇	101.94	22.21	45.74
16	高邮镇	55.62	33.72	108.06	32	柳堡镇	50.03	43.95	41.01

续表

编号	乡(镇)名称	地均固定资产投资 2005年	地均固定资产投资 2009年	地均固定资产投资 2013年	编号	乡(镇)名称	地均固定资产投资 2005年	地均固定资产投资 2009年	地均固定资产投资 2013年
33	龙虬镇	117.15	77.22	316.30	49	头桥镇	85.24	50.40	67.98
34	鲁垛镇	104.78	148.24	102.28	50	湾头镇	165.43	82.99	93.25
35	马集镇	52.94	20.43	27.11	51	望直港镇	62.93	65.40	68.57
36	平山乡	244.10	142.99	128.03	52	吴桥镇	106.73	79.01	112.41
37	浦头镇	106.45	74.19	100.65	53	武坚镇	113.46	124.65	217.58
38	青山镇	102.39	51.12	75.91	54	西安丰镇	146.45	160.92	293.51
39	三垛镇	55.77	43.15	67.70	55	西湖镇	101.76	51.70	74.54
40	沙头镇	110.93	59.07	80.67	56	夏集镇	32.94	37.95	58.42
41	山阳镇	70.28	57.33	125.55	57	仙女镇	25.42	13.99	21.12
42	邵伯镇	57.91	33.08	74.19	58	小官庄镇	111.38	110.26	73.95
43	射阳湖镇	52.08	63.66	121.28	59	小纪镇	50.42	38.30	82.68
44	双桥镇	209.12	146.13	181.39	60	卸甲镇	48.01	24.38	42.46
45	送桥镇	57.76	22.16	43.45	61	新城镇	89.40	38.71	41.50
46	泰安镇	173.63	64.01	91.16	62	新集镇	103.93	47.37	100.54
47	汤汪乡	374.84	134.51	172.51	63	杨庙镇	129.44	54.14	116.65
48	汤庄镇	69.17	48.87	85.60	64	宜陵镇	85.92	47.16	81.32

续表

编号	乡(镇)名称	地均固定资产投资 2005年	地均固定资产投资 2009年	地均固定资产投资 2013年
68	周山镇	107.17	82.86	201.06
69	高邮经济开发区	83.96	47.20	227.66

编号	乡(镇)名称	地均固定资产投资 2005年	地均固定资产投资 2009年	地均固定资产投资 2013年
65	月塘乡	36.86	15.80	29.31
66	真武镇	83.32	57.27	129.53
67	真州镇	28.84	18.68	13.19

资料来源：2006—2014年《扬州统计年鉴》及各区（县、市）统计年鉴。

在差别，对"土地财政"的依赖度不同，在城镇土地供给中的行为选择存在差异（李涛等，2015）。土地出让收入是土地财政收益的主体（张文新，2004；赵可等，2015），因此，本章选择土地出让收入作为衡量地方政府管控城镇建设用地扩张的政策制度的重要指标（见表5-6）。

（二）需求要素

1. 人口增长

人口增长引起消费需求的增加，是影响土地需求的根本因素（张文新，2004）。城镇人口的增长造成现有土地利用空间的压力变大，需要新增生产、生活空间满足人口增长的需求，进而驱动了城镇建设用地规模的迅速扩张（张文新，2004；舒帮荣等，2014），故本章选择城镇人口规模作为衡量人口增长的指标（见表5-7）。

2. 经济发展

区域经济发展需要生产要素的投入，而城镇建设用地作为城镇建设、产业发展的主要承载体，其需求受经济发展规模的影响。经济发展的总量特征影响城镇用地的需求，进而驱动其规模变化（薛东前等，2002；刘琼等，2014）。城镇建设用地是第二、第三产业的主要载体，故选择第二、第三产业增加值作为衡量经济发展水平的重要指标（见表5-8）。以上内容如表5-9所示。

二 城镇建设用地扩张影响因素定量测算

通径分析是研究解释变量之间，解释变量对被解释变量作用方式、作用程度的多元统计分析技术（倪超等，2014；徐春华等，2015），通过直接通径、间接通径分别表示某一变量对被解释变量的直接作用、通过其他变量对被解释变量的间接作用效果（杨庆媛等，2012；

表 5-6　　各乡（镇）土地出让收入

单位：万元

编号	乡（镇）名称	土地出让收入 2005 年	2009 年	2013 年	编号	乡（镇）名称	2005 年	土地出让收入 2009 年	2013 年
1	安宜镇	2815.95	10390.07	21473.39	17	公道镇	3223.81	15185.19	36577.79
2	曹甸镇	2795.92	11493.64	24200.08	18	瓜洲镇	2800.85	19685.56	49920.24
3	车逻镇	3830.88	14275.87	33059.44	19	广洋湖镇	2889.55	10526.13	21452.40
4	陈集镇	2147.88	15724.33	38126.86	20	郭村镇	3678.68	17822.45	43088.21
5	城北乡	3100.91	18823.50	47911.86	21	邗上街道	2798.40	18966.63	48297.00
6	城南经济新区	3849.95	13609.64	30891.44	22	杭集镇	3547.78	21504.19	54927.16
7	大桥镇	3703.49	20206.11	50486.10	23	槐泗镇	3094.67	17541.61	44267.75
8	大仪镇	2452.58	15236.16	36866.56	24	黄塍镇	2782.27	11246.32	23655.66
9	丁沟镇	3875.78	16765.22	40053.87	25	蒋王街道	2624.95	18738.19	47422.94
10	丁伙镇	3830.24	17800.33	43626.00	26	界首镇	3440.45	11319.38	23882.93
11	樊川镇	3912.03	15265.69	35577.60	27	泾河镇	2856.12	11860.00	25386.85
12	范水镇	3054.69	10602.89	21962.79	28	李典镇	3635.57	21784.21	55559.78
13	方巷镇	3119.01	16307.56	40367.85	29	临泽镇	3408.63	11453.60	24067.33
14	甘垛镇	3701.56	12746.34	27699.69	30	菱塘回族乡	3062.53	13737.15	31952.11
15	甘泉镇	2629.61	16743.60	42074.38	31	刘集镇	2270.17	16490.32	40747.68
16	高邮镇	3824.98	13328.86	30034.21	32	柳堡镇	2986.45	10549.42	21681.12

续表

编号	乡（镇）名称	土地出让收入 2005年	土地出让收入 2009年	土地出让收入 2013年
33	龙虬镇	3899.31	12211.07	26225.24
34	鲁垛镇	2773.25	10144.79	20611.27
35	马集镇	2079.62	16618.97	40485.89
36	平山乡	2841.06	18065.51	46101.21
37	浦头镇	3610.68	19319.39	47638.74
38	青山镇	2302.56	16530.22	40226.92
39	三垛镇	3875.57	12535.56	27083.08
40	沙头镇	3379.67	21533.84	55101.86
41	山阳镇	2896.06	11288.73	24070.08
42	邵伯镇	3613.26	16388.30	39903.29
43	射阳湖镇	2833.45	11164.18	23088.11
44	双桥乡	2863.87	18885.80	48176.35
45	送桥镇	3041.09	14295.45	33740.53
46	秦安镇	3352.19	18795.67	47444.27
47	汤汪乡	3110.02	20293.36	51870.56
48	汤庄镇	3822.17	13976.72	31441.54

编号	乡（镇）名称	土地出让收入 2005年	土地出让收入 2009年	土地出让收入 2013年
49	头桥镇	3730.22	21342.96	54099.20
50	湾头镇	3321.62	20017.64	50979.65
51	望直港镇	2716.25	10387.47	21311.92
52	吴桥镇	3727.68	18956.86	46639.81
53	武坚镇	3647.65	14662.32	33439.01
54	西安丰镇	2865.43	12010.95	25729.70
55	西湖镇	2667.00	17883.59	45428.63
56	夏集镇	3213.16	10927.77	22701.63
57	仙女镇	3658.12	19780.00	49712.23
58	小官庄镇	2789.65	10103.07	20564.06
59	小纪镇	3704.39	15644.25	36467.84
60	卸甲镇	3957.12	13933.23	31602.43
61	新城镇	2252.25	17623.05	43651.59
62	新集镇	2367.79	17959.06	44919.51
63	杨油镇	2476.47	17491.47	43996.25
64	宜陵镇	3839.76	18311.84	44838.73

续表

编号	乡（镇）名称	土地出让收入 2005年	土地出让收入 2009年	土地出让收入 2013年
65	月塘乡	2120.79	15855.59	38225.98
66	真武镇	3878.38	15946.60	38113.35
67	真州镇	2263.28	17208.88	42287.95

编号	乡（镇）名称	土地出让收入 2005年	土地出让收入 2009年	土地出让收入 2013年
68	周山镇	3581.08	11558.91	24414.12
69	高邮经济开发区	3851.67	12428.97	27101.35

资料来源：2006—2014年《扬州统计年鉴》及各区（县、市）统计年鉴。

表 5-7　　各乡（镇）城镇人口数量

单位：人

编号	乡（镇）名称	城镇人口数量 2005 年	2009 年	2013 年	编号	乡（镇）名称	城镇人口数量 2005 年	2009 年	2013 年
1	安宜镇	13634	9743	22623	17	公道镇	31843	23098	34138
2	曹甸镇	13223	9978	22623	18	瓜洲镇	48255	10000	38950
3	车逻镇	3135	13073	4169	19	广洋湖镇	11950	9374	22623
4	陈集镇	30234	24436	22813	20	郭村镇	42824	3679	39513
5	城北乡	23309	37573	20516	21	邗上街道	27140	89074	100000
6	城南经济新区	23640	10694	20604	22	杭集镇	46942	26847	29088
7	大桥镇	45480	25164	29279	23	槐泗镇	36314	27040	27397
8	大仪镇	22504	23734	20867	24	黄塍镇	13210	9963	22623
9	丁沟镇	44871	20972	38402	25	蒋王街道	32289	16600	21192
10	丁伙镇	45253	24869	38723	26	界首镇	3511	3172	4211
11	樊川镇	36442	15618	26714	27	泾河镇	13935	10111	22623
12	范水镇	13825	9364	22623	28	李典镇	53546	26843	29088
13	方巷镇	35064	24874	31164	29	临泽镇	10100	7008	18800
14	甘垛镇	6447	7413	9044	30	菱塘回族乡	22100	8682	20813
15	甘泉镇	27875	26401	26425	31	刘集镇	2299	2300	23841
16	高邮镇	134400	10017	150200	32	柳堡镇	12834	9301	22623

续表

编号	乡（镇）名称	城镇人口数量 2005 年	城镇人口数量 2009 年	城镇人口数量 2013 年	编号	乡（镇）名称	城镇人口数量 2005 年	城镇人口数量 2009 年	城镇人口数量 2013 年
33	龙虬镇	840	8916	871	49	头桥镇	48444	26474	29088
34	鲁垛镇	12791	9527	22623	50	湾头镇	41996	26909	29006
35	马集镇	37184	25866	27498	51	望直港镇	16000	18000	22623
36	平山乡	9118	12519	12294	52	吴桥镇	43353	24226	34291
37	浦头镇	42977	23363	31004	53	武坚镇	25121	11336	23261
38	青山镇	10131	25539	27977	54	西安丰镇	13404	10032	22623
39	三垛镇	11992	7877	16600	55	西湖镇	26600	6482	35143
40	沙头镇	53078	27253	29088	56	夏集镇	13247	9119	22623
41	山阳镇	14499	9981	22623	57	仙女镇	181295	28239	29258
42	邵伯镇	41837	23954	35137	58	小官庄镇	12912	9546	22623
43	射阳湖镇	12850	9710	22623	59	小纪镇	35797	14760	26715
44	双桥乡	76758	80000	80000	60	卸甲镇	7669	7097	12900
45	送桥镇	11512	9689	12400	61	新城镇	37489	27607	15999
46	秦安镇	41225	26914	27884	62	新集镇	3345	27789	33347
47	汤汪乡	18000	12164	34000	63	杨庙镇	36405	27522	26727
48	汤庄镇	5513	8518	10900	64	宜陵镇	28000	25000	25000

续表

编号	乡（镇）名称	城镇人口数量		
		2005年	2009年	2013年
65	月塘乡	3599	29624	22875
66	真武镇	41968	20662	36047
67	真州镇	167134	27034	168316
68	周山镇	404	4457	5958
69	高邮经济开发区	20000	20000	21068

资料来源：2006—2014年《扬州统计年鉴》及各区（县、市）统计年鉴。

表 5-8　　各乡(镇)第二、第三产业产值　　单位：万元

编号	乡(镇)名称	第二、第三产业产值 2005年	2009年	2013年	编号	乡(镇)名称	第二、第三产业产值 2005年	2009年	2013年
1	安宜镇	150500.00	377400.00	575400.00	17	公道镇	90579.90	152542.00	278600.00
2	曹甸镇	43900.00	73600.00	128900.00	18	瓜洲镇	72964.93	151526.00	68400.00
3	车逻镇	29108.00	55905.00	48376.00	19	广洋湖镇	16800.00	32100.00	63900.00
4	陈集镇	38020.93	90674.86	191958.00	20	郭村镇	319999.90	226557.70	356070.00
5	城北乡	41742.98	96882.91	206210.81	21	邗上街道	19842.00	99976.00	289100.00
6	城南经济新区	9625.12	37499.00	116010.00	22	杭集镇	161678.00	360306.00	469700.00
7	大桥镇	602000.00	810890.20	1138285.00	23	槐泗镇	120988.93	195949.00	266800.00
8	大仪镇	62522.91	152173.80	267412.00	24	黄隆镇	13700.00	26100.00	65100.00
9	丁沟镇	288599.90	301722.80	347518.00	25	蒋王街道	85458.00	134376.00	325919.00
10	丁伙镇	128340.00	357717.80	495295.00	26	界首镇	19106.00	37970.00	48976.00
11	樊川镇	150099.90	323118.90	352139.00	27	泾河镇	31000.00	52000.00	81600.00
12	范水镇	55800.00	110200.00	197800.00	28	李典镇	88088.98	290033.00	1554334.00
13	方巷镇	98329.87	154344.00	300800.00	29	临泽镇	37347.00	74466.00	181365.00
14	甘垛镇	40887.00	79092.00	80317.00	30	菱塘回族乡	41672.00	125453.00	230663.00
15	甘泉镇	114125.86	80706.66	89000.00	31	刘集镇	46649.96	122500.00	284967.00
16	高邮镇	108200.00	296955.00	1161590.00	32	柳堡镇	46900.00	62800.00	145800.00

续表

编号	乡（镇）名称	第二、第三产业产值 2005 年	第二、第三产业产值 2009 年	第二、第三产业产值 2013 年	编号	乡（镇）名称	第二、第三产业产值 2005 年	第二、第三产业产值 2009 年	第二、第三产业产值 2013 年
33	龙虬镇	38997.00	52760.00	53452.00	49	头桥镇	77959.83	237954.00	475141.00
34	鲁垛镇	17900.00	38000.00	56100.00	50	湾头镇	30007.00	86397.89	204400.00
35	马集镇	46630.91	107522.04	960000.00	51	望直港镇	33800.00	76300.00	153100.00
36	平山乡	31747.99	107856.26	136240.00	52	吴堡镇	55899.93	101013.10	195867.00
37	浦头镇	54999.94	131860.61	183598.00	53	武坚镇	312999.90	799890.20	344659.00
38	青山镇	33499.96	86750.73	157167.00	54	西安丰镇	18900.00	32200.00	65400.00
39	三垛镇	60851.00	129809.00	129579.00	55	西湖镇	57935.00	106364.00	198100.00
40	沙沟镇	104999.95	193616.00	429463.00	56	夏集镇	52300.00	98900.00	107000.00
41	山阳镇	26400.00	66600.00	117000.00	57	仙女镇	445000.00	1442130.60	2615840.00
42	邵伯镇	223799.90	358074.30	606969.00	58	小官庄镇	21700.00	31500.00	58500.00
43	射阳湖镇	40900.00	74500.00	124600.00	59	小纪镇	315499.90	604185.10	735307.00
44	双桥乡	72344.81	112050.32	361700.00	60	钒甲镇	82127.00	126353.00	158437.00
45	送桥镇	101383.00	264361.00	302018.00	61	新城镇	80999.96	165517.20	373736.00
46	泰安镇	64299.95	104592.00	330350.00	62	新集镇	44205.95	154986.60	272265.00
47	汤汪乡	17087.97	38182.63	77385.00	63	杨庙镇	41584.93	65151.00	138883.00
48	汤庄镇	57748.00	122656.00	163643.00	64	宜陵镇	108999.96	244625.00	395973.00

续表

编号	乡（镇）名称	第二、第三产业产值		
		2005年	2009年	2013年
65	月塘乡	43098.17	173580.50	157801.00
66	真武镇	427799.90	397071.20	374848.00
67	真州镇	86600.00	238550.00	558471.90

编号	乡（镇）名称	第二、第三产业产值		
		2005年	2009年	2013年
68	周山镇	21461.00	42264.00	35524.00
69	高邮经济开发区	35108.00	219207.00	734000.00

资料来源：2006—2014年《扬州统计年鉴》及各区（县、市）统计年鉴。

表 5-9　　　　　　　　城镇建设用地扩张影响因子

影响要素	影响要素	影响因子	变量说明
供给要素	禀赋特征	耕地保有量	耕地现状规模（公顷）
		平均坡度	地形的坡度（度）
		平均高程	地形的高度（米）
	区位条件	到市中心距离	城镇建设用地到市中心的平均距离（米）
		交通通达度	公路面积/区域总面积，百分比
	技术水平	R&D 经费内部支出	技术投入水平（1 万元）
	集约程度	地均固定资产投资	固定资产投资额/建设用地规模（10 万元/公顷）
	政策制度	土地出让收入	地方政府的土地财政规模（10 万元）
需求要素	人口增长	城镇人口	城镇区域的人口规模（人）
	经济发展	第二、第三产业增加值	第二、第三产业的增加值（10 万元）

付莲莲等，2014；李焕等，2011；Liu, Y. et al.）（见图 5-2）。

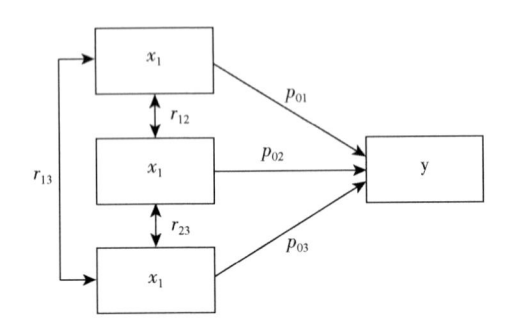

图 5-2　通径图

资料来源：鲁春阳、文枫、杨庆媛：《城市土地利用结构影响因素的通径分析——以重庆市为例》，《地理科学》2012 年第 8 期。

设因变量 y 受多个因素 x_1, x_2, …, x_m 的影响，且每个因素与 y 的关系是线性的，则可建立多元回归方程：

$$y = b_0 + b_1 x_1 + b_2 x_2 + \cdots + b_m x_m \quad (5-2)$$

式（5-2）中，将自变量 x_i（$i = 1, 2, \cdots, m$）与因变量 y 的

简单相关系数 r_iy，剖分为 x_i 对 y 的直接效应（即直接通径系数）和 x_i 通过其他自变量对 y 的间接效应（即间接通径系数），从而能直接比较各因素的相对重要性。

通径系数 $p_{01}\cdots\cdots p_{0m}$ 的正规方程为：

$$\begin{cases} p_{1y} + r_{12}p_{2y} + \cdots + r_{1m}p_{my} = r_{1y} \\ r_{21}p_{1y} + p_{2y} + \cdots + r_{2m}p_{my} = r_{2y} \\ \cdots\cdots \\ r_{m1}p_{1y} + r_{m2}p_{my} + \cdots + r_{mm}p_{my} = r_{my} \end{cases} \quad (5-3)$$

式（5-3）中，r_{ij} 为 x_i 与 x_j 的简单相关系数，r_{iy} 为 x_i 与 y 的简单相关系数，即为 x_i 对 y 的综合作用；p_{iy} 为直接通径系数，即 x_i 与 y 标准化后的偏相关系数，表示 x_i 对 y 的直接影响效应。

$$q_{ij} = r_{ij}p_{iy} \quad (5-4)$$

$$q_{iy} = \sum_{i \neq j} r_{ij}p_{iy} \quad (5-5)$$

式（5-4）中，q_{ij} 为变量间的间接通径系数，表示 x_i 通过 x_j 对被解释变量 y 的间接影响效应；式（5-5）中，q_{iy} 为间接通径系数，表示 x_i 通过其他所有解释变量对 y 的总间接影响效应（朱家彪等，2008）。

通径分析需剔除具有多重共线性的指标，选择对因变量具有影响的影响因子，而逐步回归分析是自变量存在共线性情况下建立"最优"回归方程的重要方法（张琳等，2008），因此需通过逐步回归分析筛选城镇建设用地影响指标。其中，每个影响因子的直接通径系数即为逐步回归分析结果中各自变量与因变量的标准回归系数（朱家彪等，2008）。本章建立了各乡（镇）2005年、2009年、2013年城镇建设用地规模、城镇建设用地影响因素的面板数据。由于所选变量具有不同量纲，为消除量纲对研究结果的影响，对数据进行了标准化处理，即：

$$Z_i = \frac{X_i - \overline{X}}{\sqrt{\frac{1}{N}\sum_{i=1}^{N}(X_i - \overline{X})^2}} \quad (5-6)$$

式中，Z_i 为标准化的指标值，X_i 为指标实际值，$\overline{X}$ 为各指标均值，N 为指标数量。

所有数据标准化后，建立城镇建设用地影响机制模型，即式(5-6)，利用 SPSS 20.0 进行多元逐步回归，测得因变量与自变量的定量关系与直接通径系数，通过相关性分析测得变量间的相关系数，进而测算得到各变量的间接通径系数（李雪梅等，2012），即：

$$y = \alpha f(X_i) + \beta \quad (5-7)$$

式中，y 为各年各乡（镇）城镇建设用地规模，X_i 为影响因子，α、β 为系数。

第三节 扬州市城镇建设用地扩张特征及影响机制分析

一 扬州市城镇建设用地扩张特征分析

（一）扬州市城镇建设用地扩张内部特征

1. 城镇建设用地景观格局变化

2005—2013 年，研究区城镇建设用地景观的 NP 减少，PD 降低，LPI 增加，说明城镇建设用地景观破碎度降低；城镇建设用地景观的 AI 增加，说明其景观连通性增加；LSI 变小，说明其形状趋于规则。综上，研究区城镇建设用地景观破碎度逐渐降低，连通性提高，形状越来越规则。伴随社会经济不断发展，为追求规模经济，迫使城镇建设用地需求日益增加，使其规模不断扩大。扩张过程中，原有城镇建设用地斑块不断吞并周围小斑块，造成其他景观类型减少,而城镇建设用地景观斑块不断扩大,破碎度自然降低;同时,城镇建设用地规模扩张导致组团的辐射带动作用逐渐增强,组团间的联系更加密切,促使城镇建设用地连通性不断增加,进一步促进了社会经济交流,实现了集聚经济;伴随社会经济发展水平不断提高,人类参与活动越来越多,对城镇建设用地斑块的改造程度逐渐增加,其景观形状必然更加规则(见表5-10)。

表5-10　　　　　　　城镇建设用地景观格局指数值

年份	NP	PD	LPI	AI	LSI
2005	28640.00	0.43	0.33	88.78	64.64
2009	12260.00	0.19	0.88	91.41	57.34
2013	13390.00	0.20	0.91	91.44	58.66

资料来源:扬州市自然资源与规划局,中国科学院地理科学与资源研究所资源环境科学与数据研究中心。

2. 城镇建设用地景观格局区域差异分析

2005—2013年,邗江区城镇建设用地景观NP、PD逐渐降低,LPI逐渐增加,破碎度逐渐降低;LSI降低,规则化明显;AI逐渐增加,连通性逐年提升。说明邗江区城镇建设用地以既有城镇建设用地为增长重心,呈现集聚发展特征。邗江区是扬州市中心城区所在区,社会经济活动十分活跃,城镇建设用地供需旺盛,城镇建设用地以中心城区为中心呈蔓延式增长,逐渐吞并周边破碎斑块,景观破碎度与连通性逐渐增加,人类活动旺盛,景观规则化必然明显。

广陵区城镇建设用地NP、PD降低,LPI提高,景观破碎度逐渐减小;LSI逐年降低,城镇建设用地规则化明显;AI浮动增长,连通性波动增长,2009年最强,2013年略有下降但变化程度较小,均高于2005年。广陵区是扬州市市区的重要组成部分，境内有部分中心城区分布，与邗江区类似，以中心城区为增长中心的城镇建设用地会呈现连片、规则化、集聚增长格局。

江都区城镇建设用地景观 NP、PD 逐年增加，LPI 提高，说明现有斑块增长的同时，出现散状斑块，破碎度提升；LSI 指数增加，不规则化明显；AI 下降，连通性降低。江都区紧邻广陵区，城镇化进程较邗江区与广陵区慢，但受中心城区辐射作用，城镇建设用地逐年扩张，并与其他景观形成竞争、渗透格局，弱势景观被逐渐分割、包围、吞并，城镇建设用地作为优势景观，其最大斑块规模逐渐增加，并出现新的增长点，但由于发展速度不如中心城区，斑块内部出现未被"同化"的异质性景观，导致城镇建设用地斑块形状趋于复杂化，且连通性下降。

仪征市 NP、PD、LPI、AI 逐年上下浮动，破碎度与连通性波动变化明显；LSI 逐年增加，不规则化明显。仪征市位于邗江区以西，临靠中心城区，且区内分布有重要的工业园区，城镇建设用地需求较为旺盛，城镇建设用地规模逐年增加。受仪征市镇中心与邗江区内中心城区两个城镇建设用地组团的辐射带动作用影响，组团间出现大量新增城镇建设用地斑块，受社会经济增长阶段限制，新增斑块未连片，导致城镇建设用地各景观指数波动性较大。

高邮市城镇建设用地 NP、PD 逐年降低，LPI 增加，景观破碎度逐渐降低；LSI 降低，规则化明显；AI 逐年增加，景观连通性逐渐增强。高邮市位于邗江区以北，紧邻扬州市中心城区，且区内有国家级与省级高新技术产业园区、高邮市开发区，社会经济发展相对较快，城镇建设用地景观格局发展较为均衡。

宝应县城镇建设用地 NP、PD 波动变化，LPI 略有增加，景观呈"遍地开花"的弥散式增长；2009年、2013年 LSI 均高于2005

年,说明景观不规则发展明显;AI 增加,说明连通性逐渐增强。宝应县位于扬州市最北端,与中心城区距离较远,社会经济发展相对落后,城镇建设用地景观发展不稳定(见表 5-11)。

表 5-11　各县(市、区)城镇建设用地景观格局指数值

县(市、区)	年份	NP	PD	LPI	LSI	AI
邗江区	2005	478.00	0.70	1.31	28.56	90.79
	2009	229.00	0.32	4.37	22.86	93.71
	2013	221.00	0.31	7.81	21.80	93.80
广陵区	2005	196.00	0.34	1.04	20.46	90.04
	2009	109.00	0.18	2.76	16.85	93.69
	2013	88.00	0.15	2.84	16.21	93.56
江都区	2005	299.00	0.16	0.26	26.99	89.75
	2009	346.00	0.18	0.29	31.99	89.31
	2013	468.00	0.25	0.32	32.67	89.38
仪征市	2005	396.00	0.35	0.44	25.87	89.29
	2009	259.00	0.23	0.56	27.30	90.30
	2013	324.00	0.29	0.44	28.60	89.97
高邮市	2005	918.00	0.34	0.35	35.80	83.65
	2009	214.00	0.08	0.60	20.14	92.20
	2013	198.00	0.07	0.63	19.91	92.49
宝应县	2005	158.00	0.08	0.54	20.19	88.81
	2009	149.00	0.08	0.54	22.55	89.41
	2013	452.00	0.23	0.55	22.19	89.79

资料来源:扬州市自然资源与规划局,中国科学院地理科学与资源研究所资源环境科学与数据研究中心。

(二)扬州市城镇建设用地扩张外部特征

1. 城镇建设用地扩张规模

2005—2013 年,研究区城镇建设用地规模从 2005 年的 28031.03 公顷增长至 2013 年的 40189.80 公顷,呈上升趋势,其增长率达 43.38%,

城镇建设用地增长显著（见图5-3）。但城镇建设用地主要分布区未发生明显变化，研究区城镇建设用地集中分布于中心城区、高邮市的高邮街道、仪征市真州镇、江都区仙女镇及宝应县开发区附近，呈现明显集聚分布特征。

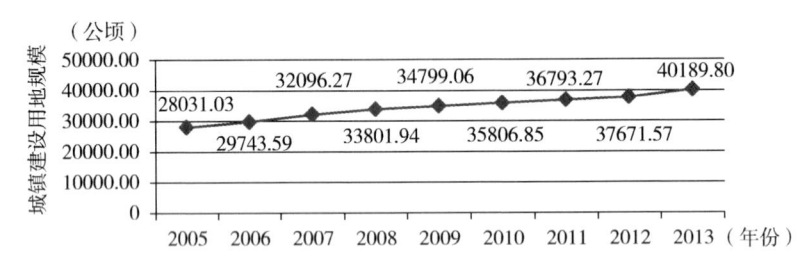

图5-3 扬州市城镇建设用地规模变化

2005—2009年研究区城镇建设用地增长6768.03公顷，新增斑块主要分布于中心城区、仪征市南部、高邮市西部、宝应县开发区等区域；在乡（镇）尺度上，城镇建设用地扩张规模最大的是江都区仙女镇，达到532.48公顷，扩张规模最小的是仪征市朴席镇，仅4.45公顷；在区（县、市）尺度上，扩张规模最大的是邗江区，达到1629.84公顷，扩张规模最小的是宝应县，仅扩张666.68公顷。2009—2013年研究区城镇建设用地扩张5390.75公顷，略低于2005—2009年，中心城区城镇建设用地扩张斑块明显减少；在乡（镇）尺度上，扩张规模最大的乡（镇）变为仪征市的新城镇，达到578.15公顷，扩张规模最小的是中心城区文汇街道，仅0.56公顷；在区（县、市）尺度角度，扩张规模最大与最小的仍是邗江区与宝应县，扩张规模分别为1426.31公顷与342.73公顷。从总体上看，2005—2013年扬州市城镇建设用地共扩张12158.78公顷，城镇建设用地新增斑块集中分布于中心城区、仪征市南部、高邮市西部及宝应县中西部；在乡（镇）尺度角度，江都区仙女镇扩张规模最大，达790.96公顷，扩张规模最小为仪征市青山镇，仅 2.48 公顷；在区（县、市）尺度上，扩张规模最小为宝应县，扩张 1009.41 公顷，扩张规模最大为邗江区，扩张规模 3056.15 公顷（见表 5-12）。

表 5-12　各区（县、市）城镇建设用地扩张规模　单位：公顷

区（县、市）	扩张规模		
	2005—2009 年	2009—2013 年	2005—2013 年
宝应县	666.68	342.73	1009.41
高邮市	1010.77	634.52	1645.29
广陵区	915.76	592.72	1508.48
邗江区	1629.84	1426.31	3056.15
江都区	1367.47	989.54	2357.01
仪征市	1177.51	1404.93	2582.44
合计	6768.03	5390.75	12158.78

资料来源：扬州市自然资源与规划局，中国科学院地理科学与资源研究所资源环境科学与数据研究中心。

为进一步判别研究区城镇建设用地扩张规模的区域差异，本章利用自然断点法，将 2005—2009 年、2009—2013 年、2005—2013 年城镇建设用地扩张规模各分为三级。2005—2009 年城镇建设用地扩张规模高等区有 3 个乡（镇）、中等区有 21 个乡（镇）、低等区有 63 个乡（镇），各占扩张总规模的 4.11%、25.60% 与 70.29%；扩张规模高等区分布于江都区仙女镇与仪征市真州镇，中等区分布于中心城区、仪征市西部、江都区南部、高邮市西部，低等区集中于宝应县与高邮市。2009—2013 年城镇建设用地扩张规模高等区有 3 个乡（镇）、中等区有 15 个乡（镇）、低等区有 69 个乡（镇），各占扩张总规模的 2.08%、15.95% 与 81.97%；扩张规模高等区为仪征市新集镇、宝应县小官庄镇，中等区集中分布于中心城区周围、高邮市西部，低等区分布于仪征市西部、江都区北部。全时段

2005—2013年城镇建设用地扩张规模高等区有3个乡（镇）、中等区有25个乡（镇）、低等区有59个乡（镇），各占扩张总规模的4.03%、27.70%与68.27%；扩张规模高等区及中等区集中分布于中心城区及其周围区（县、市），低等区多分布于宝应县与高邮市。

综上，研究区城镇建设用地规模以中心城区为主要扩张核心区，同时存在以仪征市真州镇、高邮市高邮镇与经济开发区、宝应县开发区为次级扩张核心区的扩张特征，随着时间推移，不同扩张核心区城镇建设用地扩张规模存在差异。

2. 城镇建设用地扩张强度

2005—2009年研究区城镇建设用地扩张强度为0.26，从区（县、市）尺度来看，最高为广陵区，达到0.68，最低为宝应县，仅为0.11；从乡（镇）尺度来看，最高为广陵区汤汪乡，达到2.75，最低为宝应县的射阳湖镇，为0.02。2009—2013年研究区城镇建设用地扩张强度为0.20，从区（县、市）尺度来看，最高为邗江区，达到0.55，最低为宝应县，仅为0.06；从乡（镇）尺度来看，最高为邗江区瘦西湖镇，达到0.78，最低为邗江区槐泗镇、广陵区东关街道、江都区吴桥镇，扩张强度均为0。2005—2013年扬州市城镇建设用地扩张强度为0.23，从区（县、市）尺度来看，最高为广陵区，达到0.61，最低为宝应县，仅为0.10；从乡（镇）尺度来看，最高为广陵区汤汪乡，达到0.82，最低为宝应县的射阳湖镇，扩张强度仅为0.01（见表5-13）。

表5-13　　　各区（县、市）城镇建设用地扩张强度

区（县、市）	扩张强度		
	2005—2009年	2009—2013年	2005—2013年
宝应县	0.11	0.06	0.10
高邮市	0.13	0.08	0.12

续表

区（县、市）	扩张强度		
	2005—2009 年	2009—2013 年	2005—2013 年
广陵区	0.68	0.44	0.61
邗江区	0.63	0.55	0.57
江都区	0.26	0.19	0.23
仪征市	0.33	0.39	0.29
合计	0.26	0.20	0.23

资料来源：扬州市自然资源与规划局，中国科学院地理科学与资源研究所资源环境科学与数据研究中心。

为进一步研究区域城镇建设用地扩张强度区域差异，利用自然断点法，本章将扬州市各乡（镇）按照城镇建设用地扩张指数得分划分为高、中、低三级强度。2005—2009 年，城镇建设用地扩张高强度区共 11 个乡镇，占总数的 12.64%，平均扩张强度为 0.84，集中分布于扬州市中心城区；城镇建设用地中强度区共 17 个乡（镇），占总数的 19.54%，平均扩张强度为 0.69，主要分布于中心城区附近、宝应县开发区、高邮市南部、仪征市西南部；城镇建设用地扩张低强度区共 59 个乡（镇），占总数的 67.82%，平均扩张强度为 0.18，主要分布于宝应县、高邮市。2009—2013 年，城镇建设用地扩张高强度区共 8 个乡（镇），占总数的 9.20%，平均扩张强度为 0.83，主要分布在中心城区与宝应县中部；城镇建设用地中强度区共 19 个乡（镇），占总数的 21.84%，略多于 2005—2009 年，平均扩张强度为 0.67，在中心城区周围与高邮西部分布范围变广；城镇建设用地扩张低强度区共 60 个乡（镇），占总数的 68.97%，平均扩张强度为 0.09，主要集中于江都区与仪征市。综上，2005—2013 年，扬州市城镇建设用地扩张高强度区共 10 个乡（镇），占总数的 11.50%，平均扩张强度为 0.89，集中分布于中心城区；城镇建设用地中强度区共 21 个乡（镇），占总数的 24.14%，平均扩张强度为0.86，主要分布于中心城区及其附近、仪征市南部与高邮市西部；城镇建设用地扩张低强度区共56个乡（镇），占总数的64.37%，平均扩张强度为0.14，主要分布于宝应县。

综上所述，扬州市城镇建设用地扩张强度与扩张规模相比，不同时段的扩张核心区一致，其中，围绕中心城区、仪征市真州镇、高邮市高邮镇与经济开发区、宝应县开发区为扩张核心区的集聚扩张特征表现更明显。

3. 城镇建设用地扩张方向

（1）扇形分析

扇形分析结果表明，2005—2009年，城镇建设用地扩张强度较高的方向主要为南部、西南部、东南部，北部扩张强度整体偏低，其中最高为SSE方向，达0.82；扩张强度较低的为NNE方向，低至0.07。2009—2013年，城镇建设用地扩张强度分布与2005—2009年一致，其中最高为SWW方向，达0.90；扩张强度最低为NNE方向，低至0.04，与2005—2009年相比，扩张高强度方向向西偏移，低强度方向未变。总体来看，2005—2013年，城镇建设用地扩张最高为SSE方向，扩张强度为0.91，最低为NNE方向，扩张强度仅为0.08（见图5-4）。

南部与西南部地区城镇建设用地扩张强度明显高于北部地区，西南方向存在以仪征市真州镇为核心的城镇建设用地扩张集聚区，而南部区域虽然绝对面积相对较小，但存在中心城区这一主要扩张核心区，这证明中心城区是研究区城镇建设用地扩张的最重要核心区。北部地区存在宝应县开发、高邮镇高邮街道与经济开发区两个次级城镇建设用地扩张核心区，但区域空间较大，扩张强度相对较弱。

（2）圈层分析

圈层分析结果表明，2005—2009年，城镇建设用地在市中心2

第五章 城镇建设用地扩张特征及影响机制研究 / 103

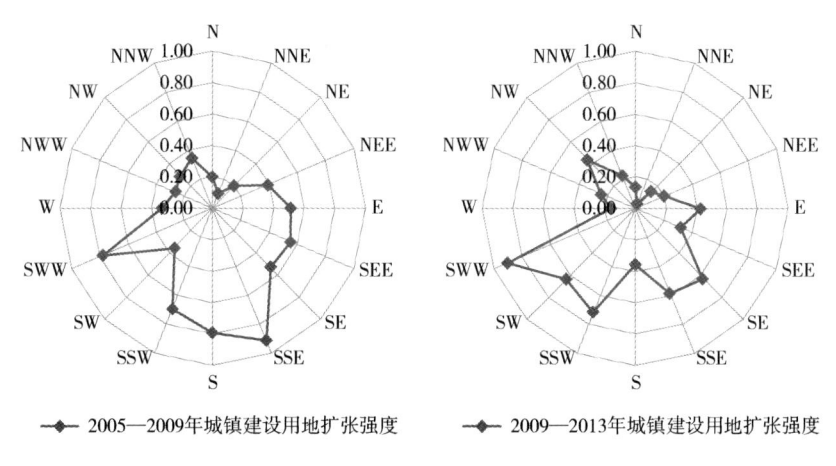

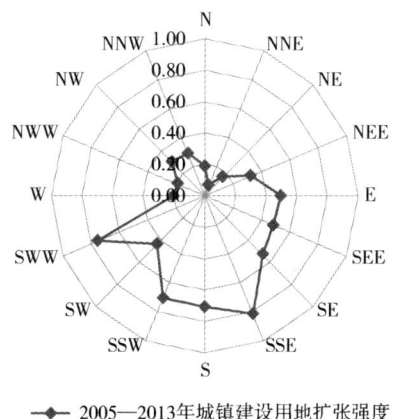

图 5-4 扬州市城镇建设用地扩张强度雷达示意图

资料来源：扬州市自然资源与规划局，中国科学院地理科学与资源研究所资源环境科学与数据研究中心。

千米处扩张强度为 0.84，向外侧推进扩张强度迅速增强；在距市中心 6 千米处出现扩张最高峰值，达到 0.93，随后逐渐下降；在 24 千米、30 千米处达到 0.40 与 0.46，再次达到峰值，在 32 千米—92 千米处扩张强度处于 0.10 左右波动；在 94 千米达到峰值，为 0.33。2009—2013 年，市中心城镇建设用地扩张强度明显降低，2 千米范围内城镇建设用地扩张强度为 0.01。从中心圈层向外城镇建设用地扩张强度大致出现6个峰值，分别位于8千米、20千米、24千米、44千米、52千米、96千米，扩张强度分别为0.83、0.58、0.51、0.23、0.20、0.16，与2005—2009年相比，波峰出现位置向市中心外部推进，且波峰增多，但峰值降低。总体来看，2005—2013年，城镇建设用地扩张强度呈现圈层结构，在距市中心6千米、24千米、30千米、96千米处出现波峰，峰值分别为0.91、0.37、0.36、0.28，其他圈层分布较为平均，在0.23左右浮动。城镇建设用地扩张强度高值区主要集中在距市中心22千米处，呈现集聚扩张特征（见图5-5）。

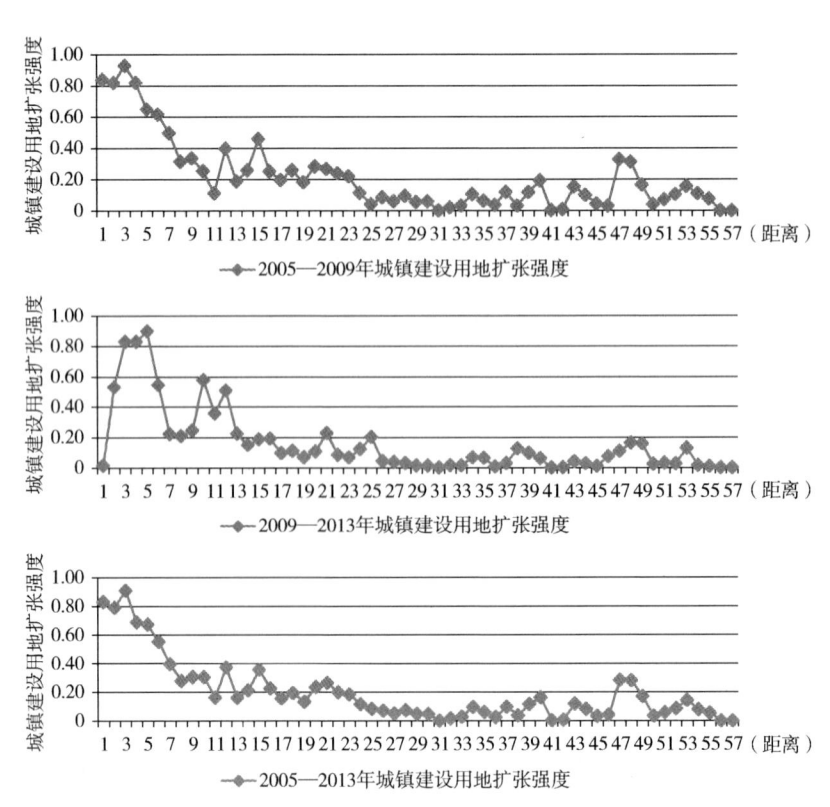

图5-5 扬州市城镇建设用地扩张强度圈层空间分布（单位：千米）

综上所述，研究区城镇建设用地扩张呈现明显的圈层集聚布局与扩张特征。研究表明，研究区城镇建设用地在 0—24 千米处扩张强度较高，分布于研究区中心城区范围及中心城区附近，由于中心城区功能外溢，城镇建设用地需求旺盛，符合一般城镇建设用地扩张规律。由市中心向外推进，表现为城镇建设用地"蛙跳式"扩张，形成多个次级波峰，30 千米、42 千米、96 千米分别为研究区仪征市真州镇、高邮市高邮镇与经济开发区、宝应县开发区所在圈层，是城镇建设用地次级核心扩张中心区。

二 扬州市城镇建设用地扩张影响机制

逐步回归分析结果表明，扬州市城镇建设用地扩张主要受耕地规模、到市中心距离、交通通达度、技术水平、政策制度、人口增长、经济发展的影响。平均坡度、平均高程因素被剔除，原因可能在于扬州市主要为平原地形，地区间高程、坡度差异较小，对城镇建设用地扩张影响不大；地均固定资产投资因素被剔除，说明土地集约程度未对城镇建设用地扩张产生影响，区域土地集约利用程度需要增强。

$$y = 14.84 + 0.61x_1 - 1.52x_2 + 1.22x_3 - 0.50x_4 - 0.33x_5 + 1.37x_6 + 1.90x_7$$
(5-8)

$R^2 = 0.82$，sig < 0.001，方程通过 5% 的显著性水平检验；式 (5-8) 中，y 为城镇建设用地规模，x_1 为禀赋特征，x_2 为到市中心距离，x_3 为交通通达度，x_4 为技术水平，x_5 为政策制度，x_6 为人口增长，x_7 为经济发展。

利用 Person 相关性分析，测算各自变量之间、自变量与因变量之间的相关系数（见表 5-14），即为各变量对城镇建设用地扩张的综合影响作用。研究结果表明，按综合作用大小城镇建设用地扩张影响因子依次为到市中心距离（x_2）、经济发展（x_7）、人口增长（x_6）、交通通达度（x_3）、技术水平（x_4）、政策制度（x_5）、禀赋特征（x_1）。

表 5-14　　　　　　　　　Person 相关系数

Person 相关系数 \ 变量	y	x_1	x_2	x_3	x_4	x_5	x_6	x_7
y	1.00	-0.16	-0.55	0.41	0.29	0.29	0.47	0.49
x_1	-0.16	1.00	0.57	-0.52	-0.53	-0.32	-0.31	0.12
x_2	-0.55	0.57	1.00	-0.49	-0.61	-0.57	-0.36	-0.22
x_3	0.41	-0.52	-0.49	1.00	0.45	0.26	0.28	0.02
x_4	0.29	-0.53	-0.61	0.45	1.00	0.58	0.38	0.26
x_5	0.29	-0.32	-0.57	0.26	0.58	1.00	0.27	0.36
x_6	0.47	-0.31	-0.36	0.28	0.38	0.27	1.00	0.28
x_7	0.49	0.12	-0.22	0.02	0.26	0.36	0.28	1.00

逐步回归分析得到各指标的标准回归系数，即为各自变量的直接通径系数，根据式（5-3）、式（5-4），得到各变量的间接通径系数（见表5-15）。

表 5-15　　　　　　　　　　通径系数

自变量	直接通径系数	变量间接通径系数 x_1	x_2	x_3	x_4	x_5	x_6	x_7	间接通径系数
x_1	0.18		-0.29	-0.14	0.09	0.03	-0.08	0.04	-0.34
x_2	-0.51	0.10		-0.14	0.11	0.06	-0.09	-0.08	-0.04
x_3	0.28	-0.09	0.25		-0.08	-0.03	0.07	0.01	0.13
x_4	-0.18	-0.09	0.31	0.13		-0.06	0.10	0.09	0.47
x_5	-0.11	-0.06	0.29	0.07	-0.10		0.07	0.13	0.40
x_6	0.26	-0.06	0.18	0.08	-0.07	-0.03		0.10	0.21
x_7	0.36	0.02	0.11	0.01	-0.05	-0.04	0.07		0.13

(一) 直接影响因子识别

直接通径系数由大到小为到市中心距离（x_2）、经济发展（x_7）、交通通达度（x_3）、人口增长（x_6）、禀赋特征（x_1）、技术水平（x_4）、政策制度（x_5）。其中，到市中心距离（x_2）、经济发展（x_7）、交通通达度（x_3）、人口增长（x_6）的直接通径系数大于其间接通径系数，为影响城镇建设用地扩张的直接作用因子（李雪梅等，2012）。

（1）到市中心距离与交通通达度直接通径系数分别为 -0.51、0.28，证明中心城区是城镇建设用地扩张的重要源地，距离中心城区越近，其他用地转变为城镇建设用地的可能性越大；交通通达度的改善可提升土地利用的便利性，且产品的运输成本也会降低，增加了城镇建设用地的经济供给。

（2）经济发展直接通径系数为 0.36，是导致城镇建设用地扩张的重要直接因素，扬州市以先进制造业、服务业为依托的经济发展模式，带来了第二、第三产增加值的迅速增长，导致城镇建设用地需求的不断增长。

（3）人口增长对城镇建设用地的直接通径系数为 0.26，伴随人口增长，住宅、产业、娱乐等城镇建设用地需求日益增多，导致城镇建设用地的规模不断增加（王海鹰等，2009）。

到市中心距离、交通通达度、人口增长、经济发展是重要的城镇建设用地的直接作用因子，且综合作用与直接作用均较强，其他因子也多以其为中介变量间接影响城镇建设用地规模。因此，合理管控城镇建设用地扩张，首先要考虑区位因素，加强中心城区的存量建设用地挖潜；科学规划交通用地，避免重复建设，合理控制交通用地规模，以引导城镇建设用地有序扩张；合理控制人口规模，降低城镇建设用地扩张的需求；适度调整经济发展目标，维持适宜的经济增长速度，注重产业结构优化升级，促进现代服务业的发展，降低经济增长对城镇建设用地的过度依赖；提高土地利用集约水平，推进城镇建设用地立体开发，减缓城镇建设用地增长速度（王丰龙等，2013）。

（二）间接影响因子识别

间接通径系数由大到小排序为技术水平（x_4）、政策制度（x_5）、禀赋特征（x_1）、人口增长（x_6）、经济发展（x_7）、交通通达度（x_3）、到市中心距离（x_2）。其中，禀赋特征（x_1）、技术水平（x_4）、政策制度（x_5）的间接通径系数大于其直接通径系数，主要通过其他影响因素间接影响城镇建设用地规模的变化，存在滞后效应。

1. 禀赋特征

如图 5-6（a）所示，禀赋特征的直接通径系数为 0.18，直接影响为对城镇建设用地扩张的促进作用，但其间接通径系数为 -0.34，以间接抑制作用为主。主要通过到市中心距离、交通通达度、人口增长等中介变量间接抑制城镇建设用地扩张（间接通径系数分别为 -0.29、-0.14、-0.08），原因可能在于耕地保有量较高的区域多远离中心城区，其交通便利度相对较低，城镇人口在此类区域的分布也较少，这些因素共同作用间接抑制了城镇建设用地扩张。以耕地保有量为表征的区域禀赋特征虽影响城镇建设用地的经济供给，但耕地保有量较高的区域区位条件较差，城镇人口规模也比较小，显著抑制城镇建设用地的扩张，因此政府可结合"城乡建设用地增减挂钩""万顷良田"等政策，优化耕地和基本农田布局，在城镇发展区域周边配置一定规模的耕地，发挥其生态隔离作用，合理控制城镇建设用地扩张。

2. 技术水平

如图 5-6（b）所示，技术水平的直接通径系数为 -0.18，直接影响为抑制城镇建设用地扩张，但间接通径系数为 0.47，大于其直接通径系数，因此以间接促进作用为主，并主要有三条间接作用

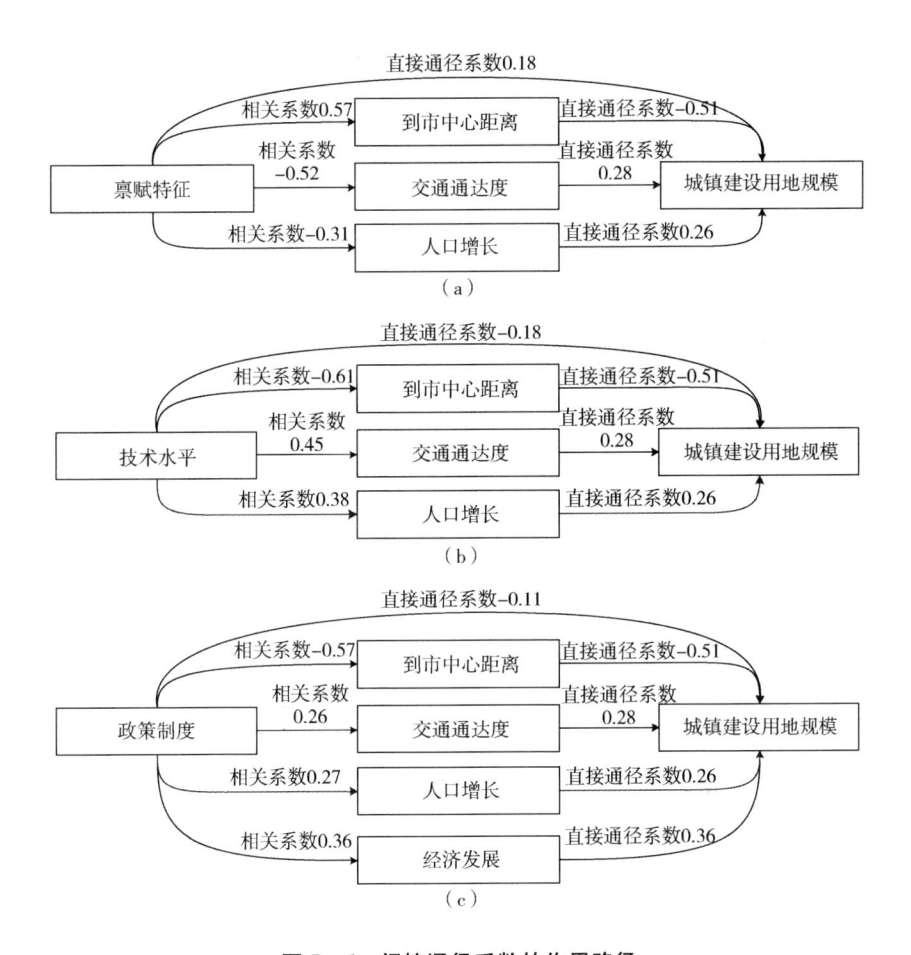

图 5-6 间接通径系数的作用路径

资料来源：作者自绘。

路径，分别以到市中心距离、交通通达度、人口增长（间接通径系数分别为 0.31、0.13、0.10）为中介变量促进城镇建设用地扩张，对城镇建设用地规模影响存在滞后效应。其间接促进作用的原因可能在于扬州市中心城区的国家级经济开发区是重要的高新技术产业基地，区位条件优越，间接刺激了中心城区扩张；技术水平也通过促进人口增长影响城镇建设用地扩张，原因在于技术进步水平较高的区域往往是产业发展与创新的优势区域，对外来劳动力的吸引力较大。技术水平直接抑制城镇建设用地规模增长，但技术水平较高的区域集中于中心城区，区位条件优越，城镇人口较多，经济发展相对迅速，间接促进了城镇建设用地规模增长，但存在滞后效应。因此，政府应继续推进区域技术水平的提高，同时注重合理配置高新技术产业用地，外迁位于中心城区的部分高新技术产业，缓解中心城区城镇建设用地的供给压力，通过技术进步推进产业结构升级，降低对城镇建设用地的需求。

3. 政策制度

如图5-10（c）所示，政策制度的直接通径系数为-0.11，间接通径系数为0.40，后者大于前者，以间接促进城镇建设用地扩张为主。其间接作用主要通过到市中心距离、经济发展、交通通达度、人口增长等中介变量间接促进城镇建设用地扩张（间接通径系数分别为0.29、0.13、0.07、0.07）。地方政府依靠土地出让获得收益有两种方式，一是通过征收集体土地转为国有土地，新增城镇建设用地；二是盘活回收使用期满的、依法没收的、闲置等存量城镇建设用地，但前者实施难度较低，可使土地出让收益最大化（陈宇琼等，2016；Lin, G. C. S. et al., 2011），地方政府多倾向于采用征地的方式来新增城镇建设用地，造成城镇建设用地规模不断扩张。另外，区位条件优越、经济发展较好、人口较多的区域对开发商吸引力也相对较高，政府会积极经营此类区域以获取更高的财政收入，这对城镇建设用地扩张具有间接的推动作用（薛东前等，2002）。地方政府为追求"土地财政"、满足地方行政领导的政绩需求，直接或间接地促进了城镇建设用地扩张。因此，应完善土地管理制度，通过规划与制度约束地方政府土地出让行为、完善土地征收方式，重视区位、交通及经济条件较好的区域的存量城镇建设用地再利用；加快推进财政体制改革，调整完善土地出让制度，打破政府土地供给的垄断格局；同时，可合理开征地方债，建立完善的地方税收体系，保障地方财政收入的平稳增长，寻求"土地财政"困境的有效解决路径（李建军等，2011；顾汉龙等，2017）。

第四节　本章小结

第一，2005—2013 年，扬州市城镇建设用地景观破碎度逐渐降低，连通性提高，形状越来越规则。各区（县、市）城镇建设用地景观格局变化存在明显差异：邗江区城镇建设用地景观破碎度逐渐减小，规则化明显，连通性逐年提升；广陵区城镇建设用地景观破碎度逐渐减小，规则化明显，连通性波动增长；江都区城镇建设用地景观破碎度提升，不规则化明显，连通性降低；仪征市破碎度与连通性波动变化明显，不规则化明显；高邮市城镇建设用地景观破碎度逐渐减小，规则化明显，景观连通性逐渐增强；宝应县城镇建设用地破碎度波动变化，不规则发展明显，连通性逐渐增强。

第二，城镇建设用地扩张规模研究表明，研究区城镇建设用地规模以中心城区为主要扩张核心区，同时存在以仪征市真州镇、高邮市高邮镇与经济开发区、宝应县开发区为次级扩张核心区的扩张特征，随着时间推移，不同扩张核心区城镇建设用地扩张规模存在差异。城镇建设用地扩张强度研究表明，扬州市城镇建设用地扩张强度在不同时段扩张核心区一致，围绕中心城区、仪征市真州镇、高邮市高邮镇与经济开发区、宝应县开发区为扩张核心区的集聚扩张特征表现得更明显。城镇建设用地扩张方向分析结果表明，南部与西南部地区城镇建设用地扩张强度明显高于北部地区，进一步证明了扬州市以中心城区为扩张主要核心区，同时发展次级核心区的城镇建设用地扩张模式；由市中心向外推进，表现为城镇建设用地"蛙跳式"扩张，形成多个次级波峰，30 千米、42 千米、96 千米为研究区的仪征市真州镇、高邮市高邮镇与经济开发区、宝应县开发区所在圈层，是城镇建设用地次级核心扩张中心区。

第三，按综合作用大小排序的城镇建设用地扩张影响因子依次为到市中心距离、经济发展、人口增长、交通通达度、技术水平、政策制度、禀赋特征。其中，到市中心距离、交通通达度、人口增长、经济发展的直接通径系数大于其间接通径系数，是直接影响因子。禀赋特征、技术水平、政策制度的间接通径系数大于其直接通径系数，通过其他影响因素间接影响城镇建设用地规模，具有滞后效应；禀赋特征直接促进城镇建设用地扩张，但又通过区位条件、交通条件、人口增长等中介变量间接抑制城镇建设用地扩张；技术水平直接抑制城镇建设用地扩张，但以区位条件、交通条件、人口增长为中介变量间接促进城镇建设用地扩张；政策制度直接与间接地促进城镇建设用地扩张，主要通过区位条件、交通条件、人口增长、经济发展等中介变量间接促进城镇建设用地扩张。

第四，城镇建设用地扩张管控政策的制定，应综合考虑其直接与间接影响因素。从直接影响因素来看，应注重盘活中心城区存量建设用地，科学规划交通用地，合理控制人口规模，适度调整经济发展目标，同时注重产业结构优化升级，提高土地利用集约水平，推进城镇建设用地立体开发，减缓城镇建设用地增长速度。从间接影响因素来看，应优化耕地和基本农田布局，发挥其生态隔离作用，合理控制城镇建设用地扩张；推进技术水平提升，科学配置高新技术产业用地，外迁位于中心城区的部分高新技术产业，通过技术进步推进产业结构升级，降低城镇建设用地的需求；加快推进财政体制改革，调整完善土地出让制度，打破政府土地供给的垄断格局，缓解"土地财政"困境。

第六章 城镇建设用地扩张的景观格局效应研究

本章从城镇建设用地扩张规模、扩张强度、扩张方向等方面研究城镇建设用地扩张对景观格局的影响。从景观破碎度、景观连通性、景观形状、景观多样性等方面选取具有生态意义的景观指数，基于半方差分析确定研究幅度，分析基于景观水平与景观类型水平的区域景观格局变化规律。通过对研究区不同时期土地利用现状图的空间叠置，构造土地利用类型转移矩阵，分析城镇建设用地扩张规模对景观格局的影响；运用回归分析研究城镇建设用地扩张强度对景观格局的影响；根据城镇建设用地扩张方向确定扩张的主要轴线，结合区域特征划定样带，运用基于移动窗口法的梯度分析模型，研究城镇建设用地扩张方向对景观格局的影响。

第一节 基于转移矩阵的城镇建设用地规模的景观格局效应

土地利用转移矩阵是指通过矩阵分析反映研究区研究基期与研究末期的各类土地利用类型面积之间的动态转换信息，通过转移矩阵可提取动态的某一时点各种土地利用类型的面积，也可提取动态的转换过程中各时点、各类型的用地转入与转出面积信息（朱会义等，2003），即：

$$S_{ij} = \begin{bmatrix} S_{11} & \cdots & S_{1n} \\ \vdots & \vdots & \vdots \\ S_{n1} & \cdots & S_{nn} \end{bmatrix} \quad (6-1)$$

式（6-1）中，S_{ij}代表各种土地利用类型规模；n为土地利用转移前后的土地利用分类数量；i、j（$i, j = 1, 2, \cdots, n$）分别代表土地利用转移后的土地利用类型代码。矩阵中每行数据表明各土地利用类型转移出的规模与去向，每一列数据表明每一种土地利用类型被转移进的土地规模与来源。为研究方便，转移矩阵通常采用相同的分类体系与精度，矩阵行列数相等，但土地利用转移前后的土地利用类型数量不一定相同，因此转移矩阵的行、列数量可以不等，是一个一般矩阵。此外，土地利用转移矩阵含有丰富度的统计学意义，S_{nn}为矩阵中对角线上的元素，表示某地类没有发生转移的部分，S_{ij}（$i \neq j$）为发生转移的部分（王思易等，2013）。

本章基于土地利用转移矩阵分析，利用 ArcGIS 软件对 2005 年、2009 年、2013 年研究区土地利用现状图进行叠加分析，构建各时期土地利用类型转移矩阵，分析建设用地规模扩张占用其他景观类型的面积及差异。

第二节 基于回归分析的城镇建设用地扩张强度的景观格局效应

根据景观格局最优粒度与幅度的研究结果，将研究区分割为最优幅度下的多个网格作为研究样本，以 30 米 × 30 米为研究粒度，从景观及景观类型破碎度、连通性、形态、多样性等方面挑选相应景观指数；参考相关研究（韦薇等，2011；马嘉军等，2010），将城镇建设用地扩张强度值均等划分为十个等级，计算其平均值及相应的景观格局指数平均值；通过构建城镇建设用地扩张强度与相关景观格局指数的回归函数，定量测度城镇建设用地扩张对景观格局的影响。计算模型如下：

$$Z_{ij} = f(EII_i) + \varepsilon \qquad (6-2)$$

式（6-2）中，Z_{ij}为评价单元i的第j个景观格局指数平均值；EII_i为评价单元i的城镇建设用地扩张强度平均值；ε为常数。

第三节　基于移动窗口法的城镇建设用地扩张方向的景观格局效应

移动窗口法早前广泛应用于植被覆盖变化分析，伴随城镇扩张对植被的影响加剧，被应用于城镇建设用地扩张与植被分布的耦合研究，后被广泛应用于土地利用/土地覆盖研究及区域景观格局变化研究中。在景观格局分析过程中，可借助Fragstats 4.2软件实现。传统景观格局指数是指提取的数据是空间上非连续值，而移动窗口分析可通过计算移动的多个相同尺度的窗口内特定的景观格局指数，提取空间上连续变化的景观格局指数值，经过统计计算，输出各选定的景观指数值的栅格图。移动窗口分析进一步与空间梯度分析结合，可识别城镇建设用地扩张方向上的景观格局动态变化特征，得到城镇建设用地扩张对景观格局变化的影响。

本章基于城镇建设用地扩张方向研究结果，选择扩张强度最强的四个方向作为本研究的研究样带，结合移动窗口与梯度分析方法，将景观格局最优幅度的计算结果作为移动窗口尺度，设定若干样点进行梯度分析，对景观格局指数与扩张强度归一化后，对比分析城镇建设用地扩张主要方向上的城镇建设用地扩张强度对景观格局的影响。

$$X = \frac{x_i - x_{\min}}{x_{\max} - x_{\min}} \qquad (6-3)$$

式 (6-3) 中，X 为归一化后的指标值，x_i 为初始值，x_{min} 为指标最低值，x_{max} 为指标最高值。

第四节 扬州市城镇建设用地扩张的景观格局效应

一 区域景观格局变化

（一）景观水平景观格局变化

表6-1显示，2005—2013年，研究区景观水平 NP 降低、PD 降低、LPI 升高，说明研究区景观格局的破碎度降低；AI 减少，说明景观中各分散景观斑块距离增加，集聚程度降低，景观连通性降低；LSI 不断增加，说明各景观斑块的形态趋于复杂化；SIEI 不断减少，说明研究区景观多样性降低。综上，研究区景观破碎度降低，但连通度也降低，景观形状趋于多元，景观多样性降低。原因可能在于伴随研究区社会经济不断发展，人类对城镇建设用地等生产、生活性用地的景观需求增高，人类的土地开发活动日益频繁，造成许多细小斑块被城镇建设用地等生产性用地合并，造成景观破碎度变小、连通性降低、景观多样性降低、景观形状越来越复杂。

表6-1　　　　景观水平的景观格局指数值

年份	NP	PD	LPI	AI	LSI	SIEI
2005	69037.00	10.47	19.76	87.81	167.16	0.85
2009	58174.00	8.83	35.22	87.20	175.39	0.81
2013	64623.00	9.80	33.20	86.33	187.23	0.82

资料来源：扬州市自然资源与规划局，中国科学院地理科学与资源研究所资源环境科学与数据研究中心。

(二) 景观类型水平景观格局变化

1. 耕地

研究区耕地景观 NP 降低，PD 降低，LPI 降低，说明研究区景观破碎度降低，但斑块相对规模减小；耕地景观 AI 下降，说明其连通性降低；LSI 不断增加，耕地景观形状逐渐复杂。综上，研究区耕地景观破碎度降低、连通性减弱，形状趋于规则。伴随社会经济发展，研究区依托"增减挂钩""万顷良田"等项目，对耕地实行整理改造，促使其集中连片，破碎度降低，有利于耕地保护与合理利用。但受成本—收益比的影响，耕地成为城镇建设用地等人工景观的主要经济供给来源，人类占用耕地时没有及时配套相关的耕地整理项目，造成耕地占用速度高于整理速度，导致剩余耕地景观形状不规则且连通性降低，不利于耕地机械化生产与耕地产量提高（见表 6-2）。

2. 林地

2005—2013 年研究区林地景观 NP 减少，PD 降低，LPI 变小，说明林地景观被侵占导致其破碎度不断降低；LSI 减小，景观形态趋于正方形，说明人类活动对林地景观的影响越来越大；林地景观 AI 增加，说明研究区林地景观连通性提高。人类开发利用土地过程中，对林地实施砍伐侵占，改变林地景观类型，造成部分斑块消失；同时为满足游憩娱乐要求，人类改造林地景观成为重要的旅游景区，配套相关联通廊道便于游憩需求，故林地连通性逐渐增加。林地边界是景观物理意义上的天然屏障，影响物种的分布与分散，可阻止外来有害生物入侵，保护林地内部生物多样性，因此林地景观的这种非正常破碎度降低、形状规则化不利于景观内部生境的生态稳定，易造成生物多样性丧失（见表 6-2）。

3. 草地

2005—2013 年研究区草地景观 NP、PD、LPI 均降低，破碎度降低；草地景观 AI 增加，连通性下降；LSI 变小，形状逐渐趋于正方形。由于扬州市草地面积不大，受人为占用与改造影响较小（见表6-2）。

4. 水域

研究区水域景观 NP 降低、PD 降低、LPI 增加，说明水域景观破碎度降低；水域景观 AI 提高，说明其景观联通性增加；LSI 指数增加，说明研究区水域景观的形态越来越复杂。综上，扬州市水域景观破碎度降低，连通性增加，景观形态趋于复杂，说明水域景观受人类活动干扰较少，水域景观内部生态系统的物质流、信息流保持通畅，有利于生物多样性的维持，同时减少洪水、泥石流等自然灾害的发生（见表6-2）。

5. 农村居民点

研究区农村居民点景观在研究时段 NP 降低，PD 降低，LPI 变小，说明其规模减小导致破碎度降低；AI 增加，说明农村居民点连通性增强；LSI 变小，说明其形态规则化趋势明显。伴随研究区城市化进程不断推进，农村人口转变为城市人口，农村土地转变为城市土地是必然趋势。农村居民点是城镇建设用地扩张的主要经济供给来源，研究区依托现有"增减挂钩""土地整治"项目，实施农村居民点整理，将其中一部分转变为城镇建设用地，部分实施集聚改造，从而造成研究区农村居民点景观的破碎度减小，连通性增加，形态日益规则，有利于改善农村居民的生活环境与生存条件，促进社会经济进步（见表6-2）。

6. 交通用地

研究区交通用地景观 NP 增加，PD 升高，LPI 上升，说明其规模不断扩大导致破碎度增加；AI 提升，说明交通用地景观连通性提高；LSI 不断增大，交通用地景观日趋不规则。交通用地景观作为较为重要的人工景观，受人类活动支配。交通用地可作为景观中的廊道，其功效是双重的：一方面，道路可以促进景观间的物质能量交换，使生态系统更加开放，起着通道作用。最明显的表现就是它的运输功能。公路运输可以跨越一个或几个生态系统或自然地带，而且可在数小时或数天内完成，这样就大大增加了生态系统之间物质和能量交换的范围和频率。另一方面，四通八达的道路网将均质的景观单元分成众多的斑块，在一定程度上影响景观的连通性，阻碍生态系统间物质和能量的交换，导致物质和能量的时空分异，增加景观异质性。城市化、工业化的进步要求区域交通基础设施配套完善，以满足生活、生产的物质与信息交流，因而交通用地景观不断扩大。由于交通用地景观呈现线状、放射性布局，因而规模扩大的同时斑块密度与数量增加，密集程度提高，形状偏离正方形（见表 6-2）。

7. 未利用地

未利用地在扬州市分布极少，因而研究时段景观指数测度结果精确度不高，差异也并不显著。NP 降低，PD 降低，LPI 差异不大，破碎度没有明显变化；AI 上升，集聚度增加，LSI 减少，说明人类影响较大。近年来，部分宜耕未利用地复垦成为耕地，部分宜建未利用地用于城镇建设用地开发，未来可继续改造为人类生活、生产性景观（见表 6-2）。

表 6-2　　　　　　景观类型水平的景观格局指数值

景观指数/ 土地利 用分类	年份	耕地	林地	草地	水域	农村 居民点	交通用地	未利用地
NP	2005	14848.00	2636.00	1032.00	26180.00	17905.00	6639.00	4265.00
	2009	14545.00	766.00	198.00	12922.00	10443.00	15890.00	531.00
	2013	14282.00	838.00	136.00	14965.00	11908.00	18697.00	659.00

续表

景观指数/土地利用分类	年份	耕地	林地	草地	水域	农村居民点	交通用地	未利用地
PD	2005	2.74	0.40	0.16	3.97	2.72	1.01	0.65
	2009	2.21	0.12	0.03	1.96	1.58	2.41	0.08
	2013	2.17	0.13	0.02	2.27	1.81	2.84	0.10
LPI	2005	0.87	0.04	0.03	19.76	0.38	0.08	0.01
	2009	0.11	0.02	0.01	35.22	0.05	0.84	0.02
	2013	0.16	0.02	0.01	33.20	0.05	1.47	0.02
AI	2005	91.88	78.40	71.53	86.94	75.10	51.13	60.96
	2009	90.14	82.98	80.14	83.55	81.00	80.89	81.42
	2013	86.84	82.10	79.06	89.22	81.49	77.91	80.52
LSI	2005	165.44	68.50	42.74	176.37	217.74	126.99	80.26
	2009	183.95	40.58	19.31	173.41	159.74	179.71	27.80
	2013	191.06	43.11	15.24	185.79	171.45	199.59	32.92

资料来源：扬州市自然资源与规划局，中国科学院地理科学与资源研究所资源环境科学与数据研究中心。

二 城镇建设用地扩张规模的景观格局效应

2005—2013年，扬州市城镇建设用地扩张规模为12158.77公顷，主要集中于市区（邗江区、江都区、广陵区）及周边（仪征市），存在明显的由其他景观向城镇建设用地景观转移的过程。其中，耕地是扬州市城镇建设用地扩张的主要来源；其次为农村居民点和水域，分别占城镇建设用地扩张总量的55.73%、27.91%和8.39%；城镇建设用地扩张对林地、草地、交通用地、未利用地的占用相对较少，分别占扩张总量的2.64%、0.62%、4.14%和0.57%。

各景观占用空间分布也存在差异。其中城镇建设用地扩张耕地占用量最高的是邗江区，占耕地占用量的23.21%；最低的为宝应县，占总量的10.76%。城镇建设用地扩张林地占用量最高的是仪征市，占林地占用总量的43.53%；最低的为高邮市，占总量的6.91%。城镇建设用地扩张草地占用量最高的是仪征市，占总量的64.37%；最低的为宝应县，无城镇建设用地扩张草地占用情况。城镇建设用地扩张占用水域量最高的是邗江区，占总量的30.10%；最低的为宝应县，占总量的5.93%。城镇建设用地扩张占用农村居民点最高的是江都区，占总量的25.91%；最低的为宝应县，占总量的10.00%。城镇建设用地扩张占用交通用地最高的是邗江区，占总量的40.80%；最低的为江都区，占总量的6.22%。未利用地中，占用量最高的是高邮市，为57.78%；最低的是广陵区，为0.39%。综上所述，扬州市城镇建设用地扩张以耕地占用为主，农村居民点用地的缩并支撑了城镇建设用地快速增长的需求，而水域等生态空间也面临城镇扩张的威胁（见表6-3）。

表6-3　　　　　扬州市城镇建设用地扩张来源　　　　　单位：公顷

县（市、区）景观分类	邗江区	江都区	广陵区	仪征市	高邮市	宝应县	合计
耕地	1572.80	1350.43	840.27	1295.65	988.46	728.90	6776.51
林地	51.66	30.11	54.07	139.61	22.15	23.14	320.74
草地	11.68	9.21	4.93	48.25	0.89	0	74.96
水域	307.19	151.29	145.25	140.09	216.29	60.49	1020.60
农村居民点	770.15	879.28	542.85	417.69	444.45	339.41	3393.83
交通用地	205.31	31.30	57.25	57.96	106.41	44.98	503.21
未利用地	8.34	5.15	0.27	14.89	39.82	0.45	68.92
合计	2927.13	2456.77	1644.89	2114.14	1818.47	1197.37	12158.77

资料来源：扬州市自然资源与规划局，中国科学院地理科学与资源研究所资源环境科学与数据研究中心。

耕地、农村居民点、水域是扬州市城镇建设用地扩张的主要来源，原因可能在于：

第一,2005—2013 年,除了执行中央与江苏省的耕地管理政策外,扬州市出台了一系列耕地保护政策,保障区域粮食安全:2005年颁布《扬州市耕地质量管理办法》,明确规定"国土、环保、农业开发等部门根据各自职责协助做好耕地质量监督管理";2006 年颁布《扬州市人民政府办公室关于进一步加强土地复垦开发整理工作的意见》,要求加强土地复垦开发整理工作,加大投入,管好用好专项资金等问题;2011 年颁布《市政府办公室关于稳妥推进土地综合整治、进一步规范补充耕地指标和资金使用管理的通知》,进一步规范补充耕地指标和资金使用管理;2013 年印发《扬州市土地整治项目管理规定(暂行)》,明确要"通过采用工程、生物等措施,对田、水、路、林、村进行综合整治,提高耕地质量,增加有效耕地面积,改善农业生产条件和生态环境"。但由于耕地的边际效益远低于城镇建设用地,受经济利益诱导,政府忽视了耕地的生态与社会价值,通过低价征用耕地、高价出让使用权获得巨额财政收入,提高区域政绩,因此政府较难执行耕地保护政策;此外,部分地区耕地产权不清、出让成本过低、农民的谈判成本相对较高,造成耕地征用成本很低,促使耕地向城镇建设用地转变。城镇建设用地扩张占用耕地,会造成一系列社会与生态问题,耕地补偿标准较低、农民安置不科学等会产生大量失地农民,影响社会稳定发展;耕地面积大量减少而单产无法快速增加,更会进一步威胁区域粮食安全(吴先华等,2004;李效顺,2010)。

第二,2005—2013 年,扬州市城镇化水平由 48.30% 上升至 59.98%(见图 6-1),农业人口转变为非农业人口,原则上此部分农业人口所拥有的农村建设用地要转变为城镇建设用地,城镇建设用地规模扩张并占用农村居民点成为必然。扬州市城镇建设用地占用的农村居民点主要集中于邗江区、广陵区、江都区,为市区及周边地区,经济实力强,政府与农户整理意愿强烈,社会发展条件

第六章 城镇建设用地扩张的景观格局效应研究

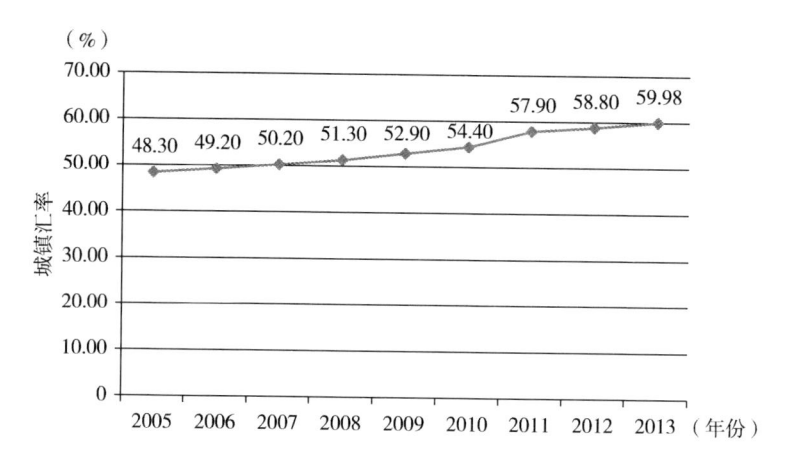

图 6-1 扬州市 2005—2013 年城镇化率

较好，农村居民点整理适宜性和潜力很高，因此作为扬州市农村居民点优先整理区域，依托"增减挂钩""占补平衡"等项目，进行农村居民点整理。2005—2013 年，扬州市人民政府每年颁布《城中村改造任务书》，下达城中村整理指标，推进农村居民点向城镇建设用地转变；2013 年国土资源部颁布《国土资源部关于进一步完善农村宅基地管理制度 切实维护农民权益的通知》，要求"合理确定土地利用总体规划划定的城镇建设扩展边界内的城郊、近郊农村居民点用地布局，严格控制建设用地规模，防止出现新的'城中村'"。地方政府根据国家、省委、市委的相关文件与规划，结合上一轮市级、县级与村级的土地利用总体规划，参照新一轮新农村发展规划和区域产业规划，合理确定保留、整理、重点发展的农村居民点用地斑块，确定中心村和新村建设用地规模，指导农民住宅和村庄建设按规划有序进行，同时兼顾改善农村基础设施状况，引入农村公益事业，发展农村企业，进一步改善农村人民生产、生活条件。一般依据"三集中"战略，依托"城乡建设用地增减挂钩"政策，结合城镇规划，将农村居民点纳入城镇建设扩展地区进行统一规划、统筹配置（陈玉福等，2010），以城镇化引领农村居民点整理，缓解用地供需矛盾，实现农民生活水平显著提高、耕地总量有效增加和土地规模化经营。采用政府主导、市场参与的组织模式，前期由政府负责规划设计、村民动员、开发商选择等工作，后期由市场主体在政府监督下进行整理、安置与开发（孟霖等，2014），因此农村居民点成为扬州市城镇建设用地扩张的重要来源。农村居民点整理也是构建资源节约型社会与建设社会主义新农村的重要内容（龙花楼，2006），能优化城乡建设用地空间布局，缓解用地供需矛盾（鹿心社，2002）。

第三，扬州市水系发达，水域密布，水域面积占全市土地总面积的16.26%，是著名的生态城市。近年来，扬州市出台了一系列政策保障区域水安全，《淮河流域水污染防治"十一五"规划（2006—2010年）》要求"优化产业结构，实行严格的建设项目环境准入制度，严格保护流域干支流源头、水源涵养区域和集中式水源地饮用水保护区"；《扬州生态市建设规划（2000—2020年）》提出"通过保育良好的生态环境，合理调整用地结构等规划方案和对策，建设东线南水北调安全洁净的水源地，再现经济富足、生态健康、社会文明的新扬州"；同时，扬州市制定了"三沿"发展战略，其发展规划包括《扬州市沿江开发详细规划（2003—2010年）》《扬州市沿河开发规划（2005—2020年）》《扬州市市域环路沿线产业带发展规划（2006—2010年）》，其中《扬州市沿江开发详细规划（2003—2010年）》要求注重产业开发与岸线利用、环境保护、城镇建设之间的有机衔接，《扬州市沿河开发规划（2005—2020年）》提出积极培育错落有致的城镇体系，实现与市域沿江地区的互动开发；《扬州市土地利用总体规划（2006—2020年）》提出"深入实施江苏省沿江发展战略和扬州市沿河发展战略，合理安排市域沿江、环路沿线产业带用地，大力推进'一体两翼'带状组团式的沿江城镇聚合轴和沿大运河、京沪高速公路的淮江城镇聚合轴的发展"的总体目标；2011年，《国家环境保护"十二五"规划》提出要以江河、道路沿线绿化带为生态隔离屏障，以沿江、沿河、沿路和农田防护林网为网络，协调配置生态用地与建设用地，合理分配各类生态用地规模，构建以自然保护区、生态隔离带、防护林网为主的土地生态安全网络体系；《江苏省"十二五"环境保护和生态建设规划》将淮河流域整治工作继续列为重点，提出要重视城乡饮用水源地安全。扬州市沿江、沿河发展带已经初具规模，成为带动扬州市经济发展的重要经济增长极。因此，虽然政府出台多种水域保护政策，但沿江、沿河发展带导致城镇建设用地需求不断增长，其扩张过程中不可避免的填埋和侵占水域空间，造成生产生活用水减少，促使过度开采地下水资源，导致地下水位下降，进一步影响作物灌溉、植被生长与人类生存；同时，水域具有调蓄雨洪资源、滞留污染物、保护生物多样性、调节区域小气候的作用，水域空间被城镇建设用地占用，导致河道变窄，引发洪涝灾害频发、水体自净能力减弱、区域生态环境恶化等问题（丁宏伟等，2003；陈吉江等，2009）。因此，为保障区域可持续发展，应维护一定的水域面积，发挥水体的多种功能。

三 城镇建设用地扩张强度的景观格局效应

（一）景观水平

研究结果表明，扬州市景观水平相关景观格局指数与城镇建设用地扩张强度存在回归关系。研究区景观 NP、PD 与城镇建设用地扩张强度呈指数型关系，城镇建设用地扩张强度提高导致区域斑块数量与密度降低；LPI 与城镇建设用地扩张强度呈线性关系，城镇建设用地扩张强度提高造成最大斑块面积增加；斑块数量降低、密度增加，最大斑块指数增加，说明区域景观水平的破碎度逐渐降低。AI 与城镇建设用地扩张强度呈乘幂关系，城镇建设用地强度增加导致景观聚集度提高，即城镇建设用地扩张促进区域景观连通性提高。SIEI 与城镇建设用地扩张强度的回归关系不显著，但通过 Person 相关性测算，其与城镇建设用地扩张强度呈显著负相关，相关性为 -0.684*（*表示在 0.05 的显著性水平下显著），因此城镇建设用地扩张导致景观多样性降低（见图 6-2）。

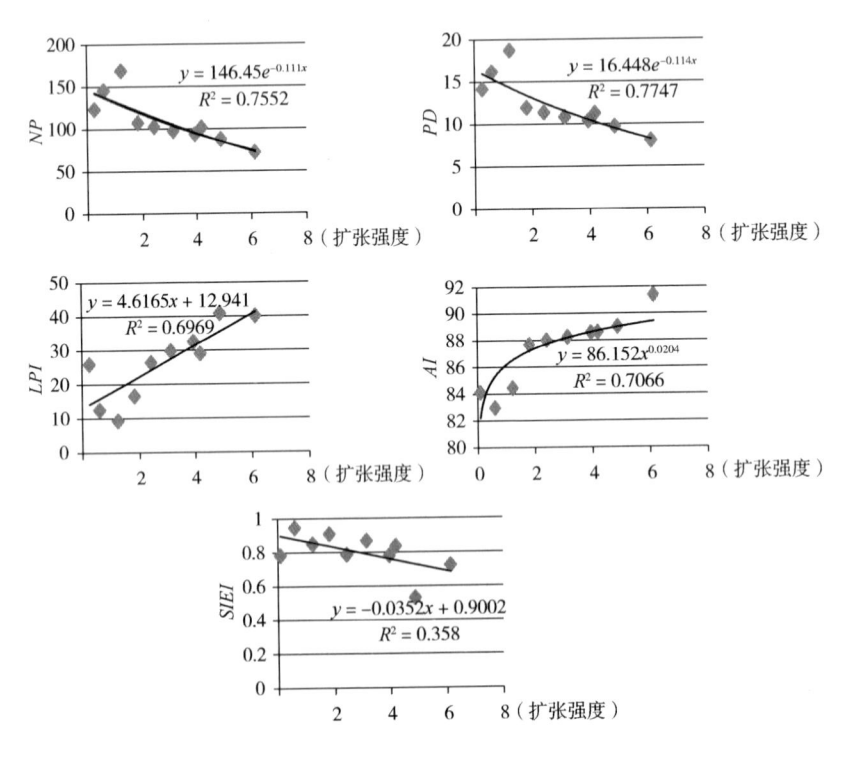

图 6-2　城镇建设用地扩张强度与景观格局回归结果

城镇建设用地扩张造成景观破碎度降低、景观连通性提高，同时景观形状逐渐规则化，景观多样性降低。主要原因在于城镇建设用地扩张通过合并其他景观类型斑块，导致部分小规模景观类型斑块转化为城镇建设用地景观。城镇建设用地景观连片合并且不断扩大，成为区域的主导景观类型，导致研究区景观水平的 NP 减少，PD 降低，以城镇建设用地景观为主体的 LPI 不断变大，促使聚集度增加，有利于人类活动，促进社会经济发展。但这一过程中其他景观类型不断减少，景观多样性降低。城镇建设用地扩张对其他景观类型的合并与吞噬作用逐渐加强，导致具有重要生态系统服务功能的景观类型不断减少，区域生态系统平衡被破坏，景观生态安全面临威胁。同时，伴随城镇建设用地扩张强度增加，人类活动对景观的改造活动愈加频繁，为满足生活与生产需求，迫使景观形状趋于规则，这种对景观的改造与开发活动越多，越不利于景观内部生态系统的稳定与安全。

（二）景观类型水平

城镇建设用地扩张强度与各景观类型拟合结果表明，城镇建设用地扩张对耕地、林地、水域、农村居民点的影响较为显著。而由于草地、未利用地的景观规模较小，交通用地线状地物属性较强，因此城镇建设用地扩张强度对其影响较小。

1. 耕地

研究结果表明，耕地作为城镇建设用地主要扩张来源，其景观格局受城镇建设用地扩张影响较大。研究区景观 NP、PD 与城镇建设用地扩张强度呈线性关系，LPI 与城镇建设用地扩张强度呈对数关系，城镇建设用地扩张强度的提高导致耕地景观斑块数量、斑块密度、最大斑块指数降低，说明城镇建设用地扩张过程中，会导致耕地规模减小，从而降低了耕地的破碎化程度。AI、LSI 与城镇建设用地扩张强度分别呈指数、对数关系，城镇建设用地扩张强度较高会导致耕地景观连通性降低、景观形状趋于规则。由于耕地是城镇建设用地扩张的最重要经济供给来源之一，城镇建设用地扩张过程中对其大量吞并，造成其破碎度降低、连通性减弱；但城镇建设用地占用过程中，由于依托"土地整理""城乡建设用地增减挂钩""万顷良田"等项目实施农用地整理，促使耕地形状趋于规则（见图6-3）。

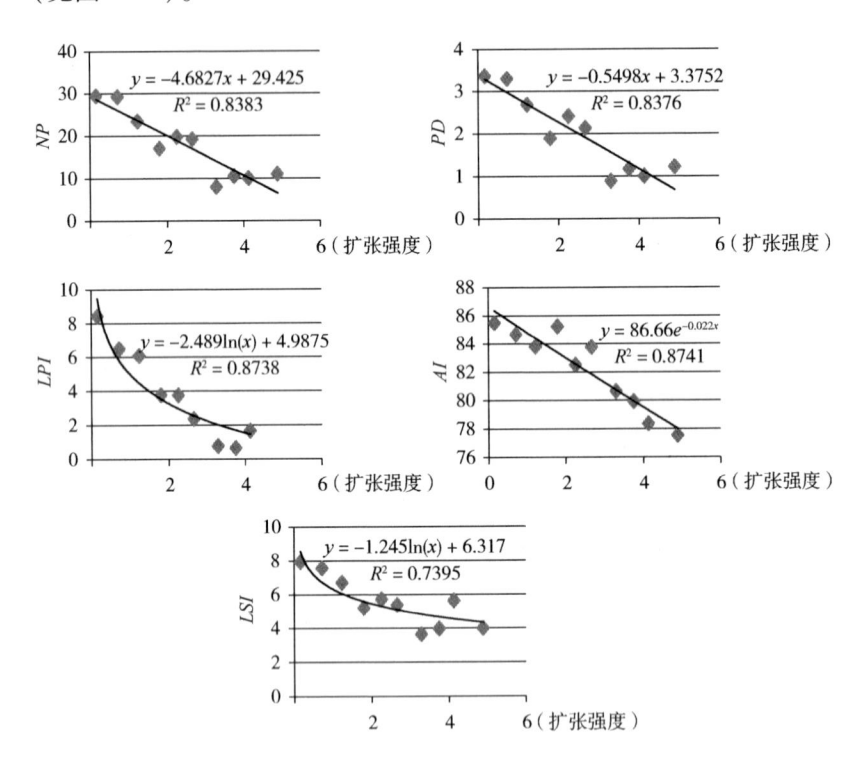

图6-3　城镇建设用地扩张强度与耕地景观格局回归结果

城镇建设用地扩张在短时间内改变了耕地景观的数目、大小、形状及空间分布与配置，虽然依托土地整理促使耕地形状趋于规则化，但整理过程中忽略了耕地景观"斑块—廊道—基质"的协调关系，田块、小片林地、水塘等"斑块"具有重要的生态涵养功能，防护林、道路、沟渠等线性要素是连接斑块的重要廊道，具有能量运输、生物迁移、景观美化等功能，耕地则是重要的基质（陈荣蓉，2012），不当的土地整理方法与耕地占用方式在一定程度上造成区域耕地景观"斑块—廊道—基质"结构的破坏，大型耕地景观逐渐消失，耕地斑块连通性下降，不利于机械耕作和规模经营；同时影响了耕地的生态系统稳定性与自组织能力，导致耕地生态系统的缓冲能力与补偿能力下降，抵御灾害的能力逐渐丧失，适应环境的调节能力变低，甚至其内部生物多样性被破坏，最终导致耕地生产能力下降。

2. 林地

研究结果表明，城镇建设用地扩张强度与林地景观 NP、LPI 呈对数关系，与 PD 的对数方程（R^2）仅为 0.53，因此对其作用不大，说明城镇建设用地扩张强度提高导致林地景观斑块数量减少，最大斑块指数下降，一定程度上说明城镇建设用地扩张占用林地会导致后者破碎度降低。AI 与城镇建设用地扩张强度呈乘幂关系，表明城镇建设用地扩张强度增加导致林地景观聚集度提高，空间连通性增强。LSI 与城镇建设用地扩张强度之间呈指数关系，但 R^2 仅为 0.34，因此作用不显著。城镇建设用地不断扩张与聚集，逐渐成为区域基质景观，部分林地景观被建筑物、水泥路面、基础设施等替代和破坏，较小面积的林地斑块被侵占，林地覆盖率逐渐降低，造成林地破碎度减少；相对离散的林地斑块消失，造成林地景观整体在区域内的集聚度指数升高，相对连通性增加（见图 6-4）。

林地景观是物种丰富度最高的景观，具有调节区域小气候的重要作用。人类活动促使城镇建设用地扩张，迫使林地斑块逐渐减少，造成林地受风面增加，加剧植被机械损伤及植被蒸散，不利于林地植被生长；此外，会导致内部生物生存空间割裂与破坏，造成残存种群缺乏遗传可塑性；细碎斑块的消失导致相对连通性增加，而不是林地自然发育的斑块集聚，这也易引发基因流失与遗传隔离，同时增加外来有害物种种群入侵，加剧林地内既有物种的灭绝概率，不利于景观内生物多样性的保护与维持。

3. 水域

研究结果表明，城镇建设用地扩张强度与水域景观 NP 呈线性回

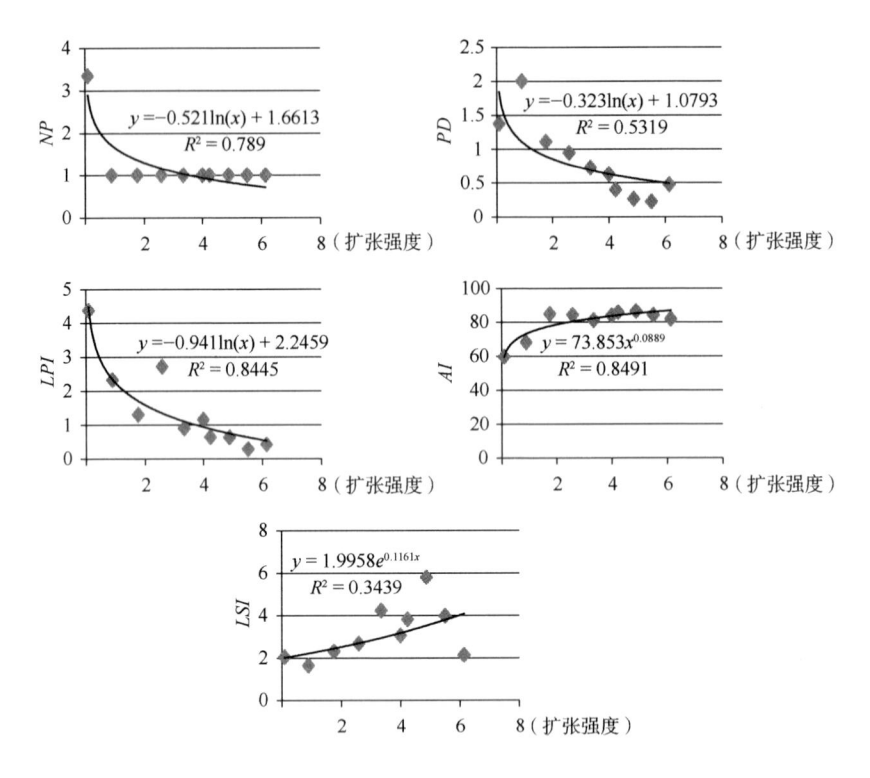

图 6-4　城镇建设用地扩张强度与林地景观格局回归

归关系，与 PD 呈指数关系，与 LPI 呈对数关系，城镇建设用地扩张强度增加导致水域景观斑块数量增加、斑块密度上升、最大斑块指数下降，即造成水域破碎度增加。城镇建设用地扩张强度与水域景观 AI 呈指数关系，但 R^2 仅为 0.62，拟合优度不高，但二者 Person 相关检验系数为 -0.73*（*表示在 0.05 的显著性水平下显著），表明城镇建设用地扩张强度增加导致水域聚集度指数下降，连通性减弱。城镇建设用地扩张与水域的 LSI 相关性不大，对其形状影响较小。由于研究区水域广布，因此城镇建设用地扩张过程中不可避免地对其进行改造、占用、填埋，导致大型水域斑块被切割为细小斑块。同时为满足生产生活需要，增设了部分人造坑塘、湖泊等人工水域，因此最大景观指数降低而斑块数量、斑块密度指数增加，水域破碎度上升，连通性下降（见图6-5）。

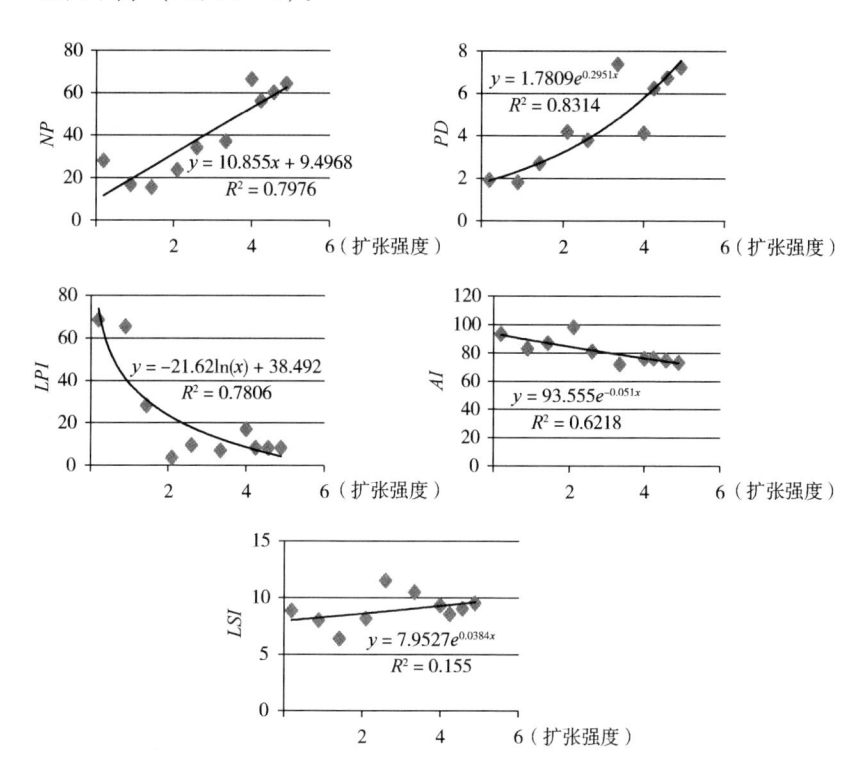

图6-5 城镇建设用地扩张强度与水域景观格局回归

水域景观破碎度的增加、连通性的下降，导致其作为景观内的"廊道"功能减弱，迫使其阻断了部分水域内部生境间的连接通道，增加了"岛屿状"生境的孤立状态，导致区域生态过程的整体性与连续性被破坏，增加了区域生物生存与迁徙的阻力面，造成区域生物多样性损失。同时，由于水域景观在调节区域小气候、保护地区生物多样性、美化城市景观等方面具有重要作用，但城镇发展促使生活生产用水需求增加，导致水域景观水量减少，水域景观趋于萎缩，地表渗透层减少、区域小气候变化。同时，城镇开发过程中必然配套基础水利工程等设施建设，加之围堤造田与水利基础设施建设，区域径流进一步降低，水位年内、年际变化趋于平缓，河流与泛洪湿地水力减弱，地表土壤性质改变，水土流失加剧。此外，部分基础设施会对水资源进行重新分配，对流域景观功能造成影响：堤坝建设会人为阻碍水域间营养物质与能量的相互流动，水域周围的生物多样性从丰富变为单一，水域生态完整性被破坏；流域上游水库的建立造成原有洪泛区的物种无法短时间内适应新的生境而导致其生产力下降，生态系统平衡被破坏甚至发生根本转变。

4. 农村居民点

研究结果表明，城镇建设用地扩张强度与农村居民点景观 NP、PD 呈线性关系，与 LPI 呈指数关系，即伴随城镇建设用地扩张强度的增加，农村居民点斑块数量减少，斑块密度降低，景观斑块变大，说明农村居民点破碎度逐渐降低。城镇建设用地扩张强度与 AI 呈乘幂关系，促使农村居民点连通性增加；与 LSI 为对数关系，造成农村居民点景观形状逐渐规则。

近年来，农村居民点是城镇建设用地扩张的重要经济供给来源，依托"城乡建设用地增减挂钩""农村居民点整理"等项目，城镇建设用地扩张过程中对农村居民点大量占用，除了直接占用近郊区农村居民点斑块导致其数量减少外，也会对农村居民点实施整理，通过村庄改造、迁并与闲置土地再利用等方式，促使农村居民点斑块阻隔减少，并不断合并周围小斑块，造成农村居民点斑块数量与密度降低，破碎度下降。政府通过减少农村居民点内部土地闲置，引导农村居民点逐步集中、集约，引导农村居民点景观斑块向简单化、规则化方向发展，以减少耕地占用，增加城镇建设用地使用空间（见图6-6）。

四 城镇建设用地扩张方向的景观格局效应

根据城镇建设用地扩张方向分析结果，选择 SSE、SWW、SSW、

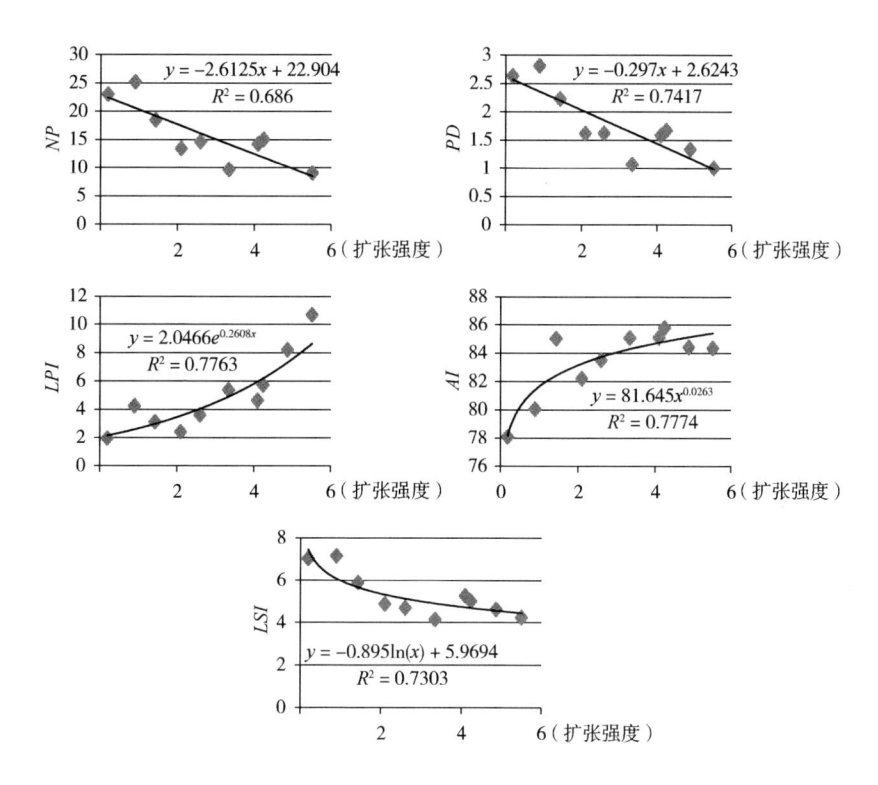

图 6-6 城镇建设用地扩张强度与农村居民点景观格局回归

S方向，划定四条研究样带。根据最优幅度测算结果，用边长为3000米的移动窗口计算景观水平和景观类型水平的景观格局指数。为避免窗口的边缘效应，移动窗口在整个研究区内从左上角开始移动，每次移动1个栅格，计算窗口内的景观指数值，再赋值给该窗口的中心栅格，得到相应景观指数栅格图。基于获取的景观指标栅格图，从扬州市城镇建设用地扩张中心到边缘每隔3000米取点，对各方向的样点进行梯度分析。通过对景观格局指数与扩张强度进行归一化处理，对比分析二者之间的关系。

（一）景观水平

研究结果显示，在城镇建设用地扩张的不同方向上，景观格局随城镇建设用地扩张的波动变化也呈现相反的变化趋势。景观的

NP、PD、LPI 由城镇建设用地扩张中心外推呈波动变化，NP、PD 与城镇建设用地扩张强度呈现出负向变化趋势，LPI 则为正向变化。表明城镇建设用地扩张推动斑块合并、融合为城镇建设用地景观，造成斑块数量建设减少、密度降低、面积增加，降低区域景观破碎度。AI 在除了 SSW 以外的扩张方向上，与城镇建设用地扩张强度基本呈现出正向变化关系，说明城镇建设用地扩张会加强景观连通度。SIEI 随城镇建设用地扩张呈负向波动变化，城镇建设用地扩张会降低景观多样性（见图 6-7）。

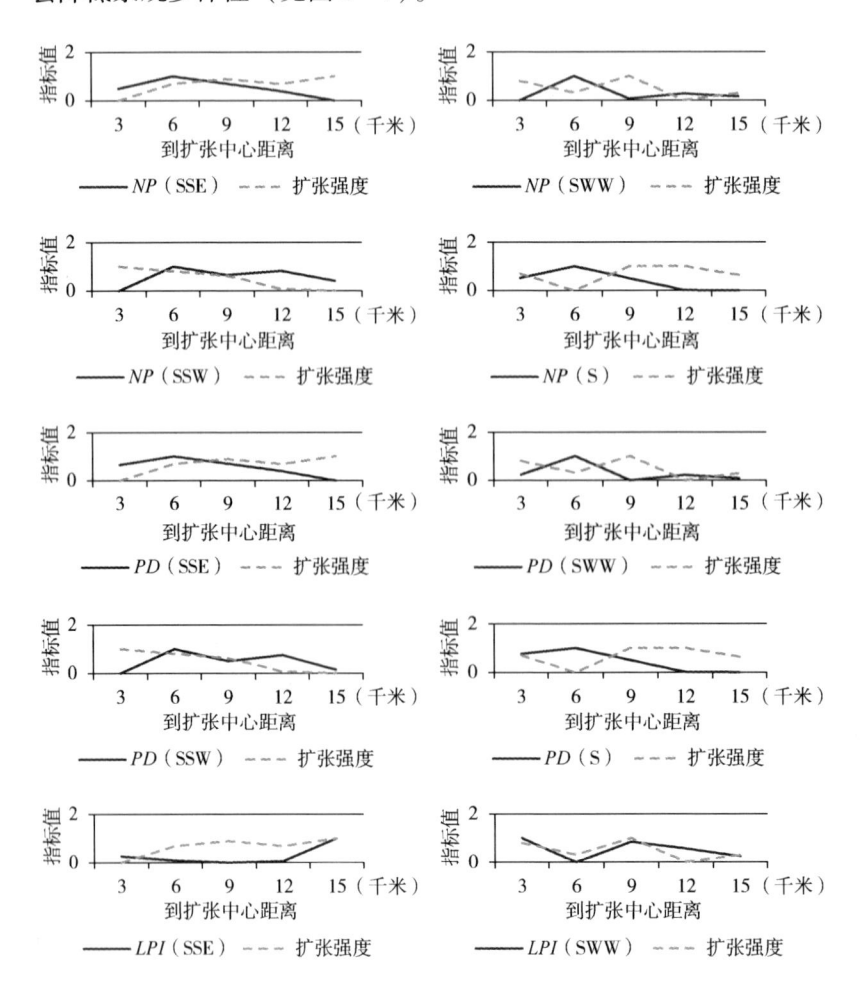

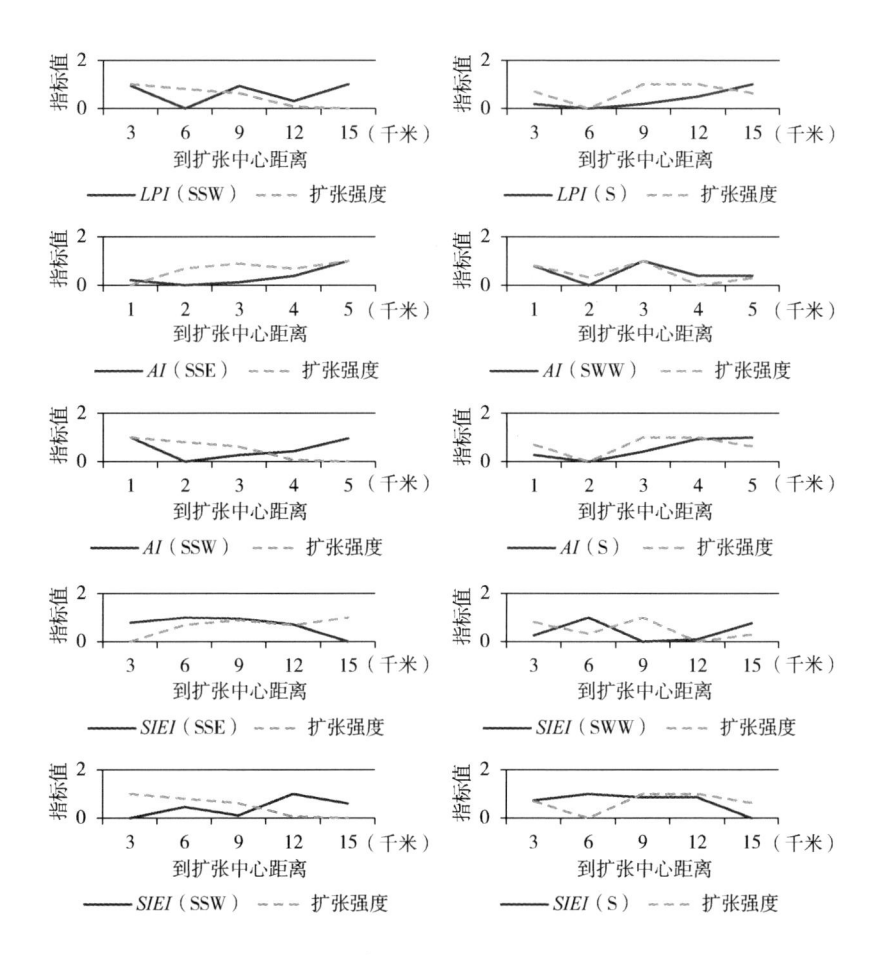

图 6-7 不同方向的城镇建设用地扩张强度与景观格局变化趋势

综上所述，城镇建设用地扩张方向上的景观格局变化，表现出与全域尺度城镇建设用地扩张的景观格局效应相同的特征。城镇建设用地开发造成以城镇建设用地为基质的景观破碎度降低、连通性增强，有利于扩张方向上的人类生活与生产，促进社会经济发展。但同时城镇建设用地扩张造成其他景观类型被吞并，景观多样性降低，景观形状趋于规则，导致物种生存空间消失、生境保护屏障被破坏，不利于区域生态安全的维护。

(二) 景观类型水平

由于 SSE、SSW、SWW、S 四个方向草地、林地、未利用地景观面积较少，交通用地为线性景观，而城镇建设用地占用空间有限，草地、林地、未利用地、交通用地景观变化幅度较小，因此在城镇建设用地主要扩张方向上主要表现为耕地、水域、农村居民点与城镇建设用地扩张强度的对应关系。

1. 耕地

耕地景观的 NP、PD 在四个方向上均表现为随城镇建设用地扩张强度增加而减少，其 LPI 除了在 SSW 方向外也表现为与城镇建设用地扩张相反的变化趋势，表明城镇建设用地在扩张方向推进过程中，占用了部分耕地，在降低耕地破碎度的同时却造成其面积的大量减少。城镇建设用地扩张强度与 AI 在四个方向变化趋势基本一致，说明城镇建设用地扩张强度提高会导致扩张方向上耕地景观斑块间集聚度增加，连通性增强。除了 SSW 方向外的三个方向的 LSI 与城镇建设用地扩张强度呈负向变化特征，表明人类活动对耕地景观影响较大，城镇建设用地开发促进了耕地景观的整理，有利于其形状规则、机械化生产、产量提高。综上，城镇建设用地扩张最剧烈的方向上，城镇建设用地扩张占用耕地，虽然造成破碎度减小、形状趋于规则、连通性升高，表面上看有利于其机械化生产，但从长远看，大量占用耕地不利于扩张对应方向上的粮食生产，甚至威胁区域粮食安全（见图 6-8）。

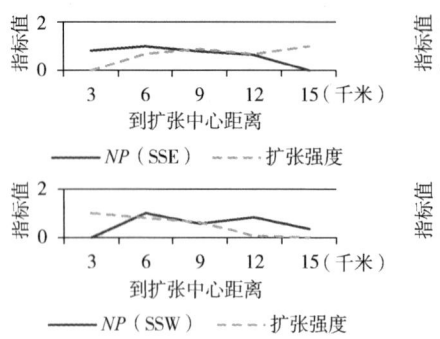

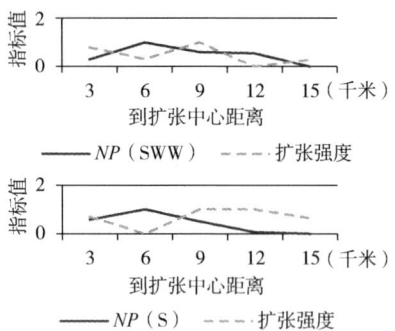

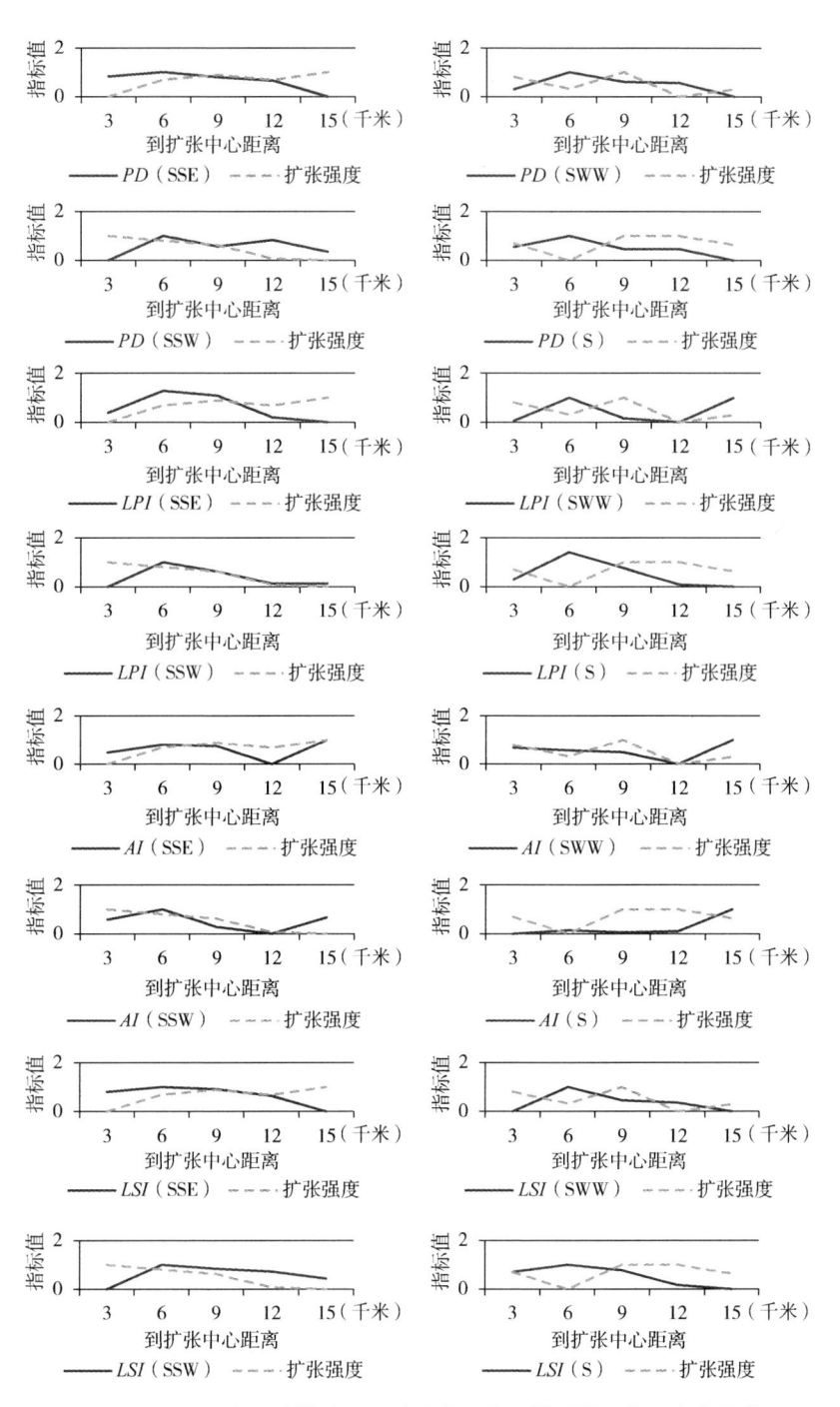

图 6-8　不同方向城镇建设用地扩张强度与耕地景观格局变化趋势

2. 水域

城镇建设用地主要扩张方向上，水域景观 NP、PD、LPI 均与城镇建设用地扩张强度呈现出相反的变化趋势，说明城镇建设用地扩张会导致其扩张方向上水域景观被侵占从而破碎度降低。AI 表明，扩张方向上的城镇建设用地开发活动导致水域景观集聚度降低，连通性减弱。LSI 在除了 SSW 外的主要扩张方向上，均与城镇建设用地扩张强度呈现负向变化特征，表明城镇建设用地扩张导致水域景观形状趋于规则，原因可能在于城镇建设用地开发侵占水域的同时，为满足城市美学要求，对水域景观实施开发改造。综上，在城镇建设用地扩张主要方向上，人类开发活动会导致水域景观减少、破碎度降低、形状趋于规则、连通性下降，从而易导致区域下垫面储水功能减弱，易引发洪涝、水土流失等灾害，同时亲水物种栖息地丧失，城市中物种多样性被破坏（见图6-9）。

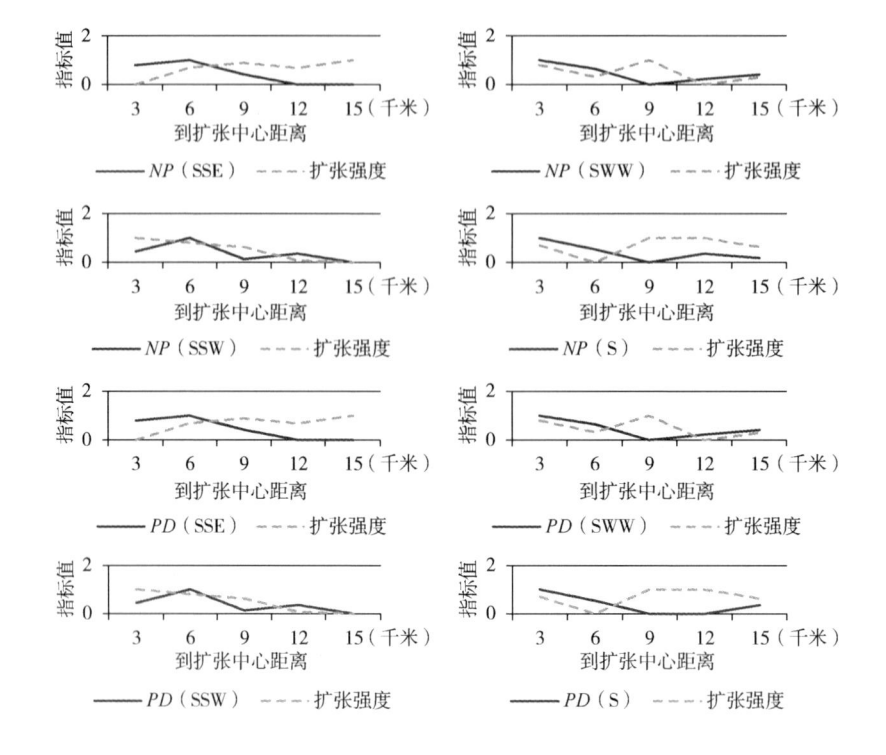

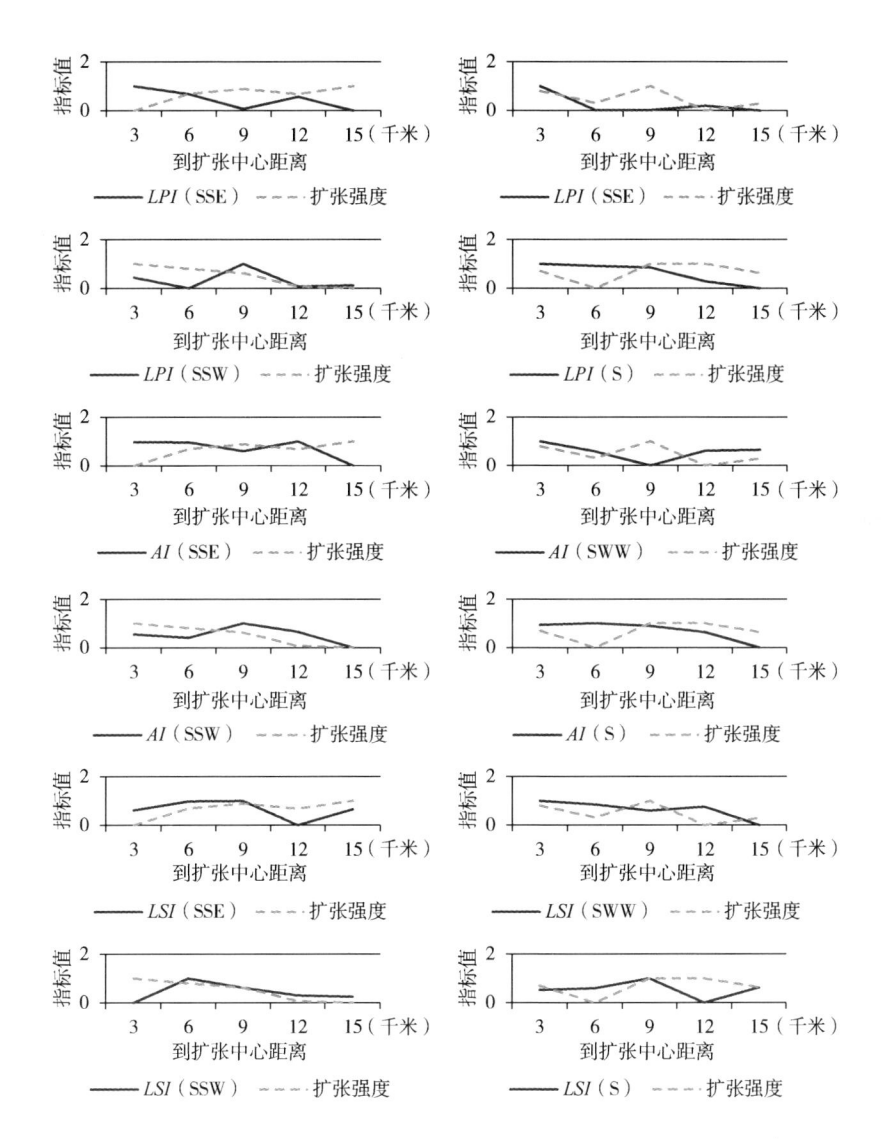

图6-9　不同方向城镇建设用地扩张强度与水域景观格局变化趋势

3. 农村居民点

四个方向农村居民点的景观 NP、PD、LPI 基本与城镇建设用地扩张强度变化呈负向变化关系，即城镇建设用地扩张导致农村居民点景观转变为城镇建设用地且破碎度降低。同时，AI 在除了 S 方向以外的其他方向随城镇建设用扩张强度增加而降低,说明城镇建设用地扩张降低了农村居民点景观的连通性,农村居民点的 *LSI* 与城镇建设用地扩张强度变化相反,说明城镇建设用地扩张促使农村居民点景观形态趋于规则。综上所述,主要扩张方向上的农村居民点景观伴随城镇建设用地扩张呈现出破碎度降低、连通性降低、形状规则,说明城镇建设用地由内向外扩张过程中,依托"农村居民点整理""城乡建设用地增减挂钩"等项目,兼并城镇周边的农村居民点,造成景观基质由农村居民点向城镇建设用地转变,城镇建设用地穿插在农村居民点斑块之间,后者斑块距离逐渐增加。此外,通过农村居民点整理归并了部分斑块,小斑块消失导致大斑块间的距离增加,隔离度上升。这样虽有利于农村居民点集约经营与管理,增强农村居民点集聚,提高城镇周边农民生活水平,但不利于居民点之间的物质与文化交流及流通(见图6-10)。

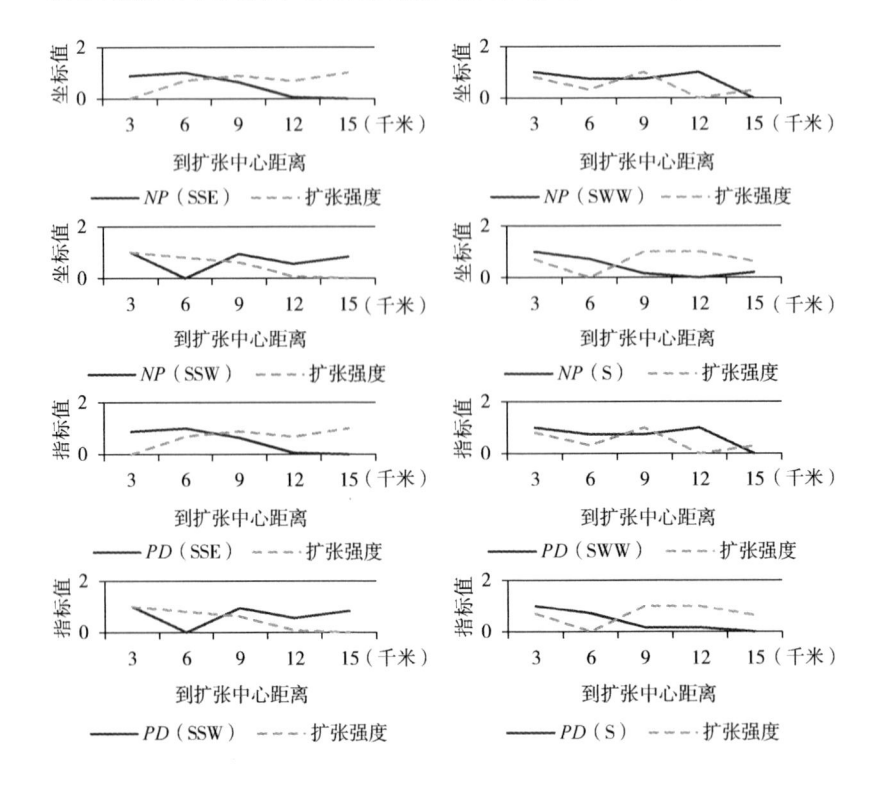

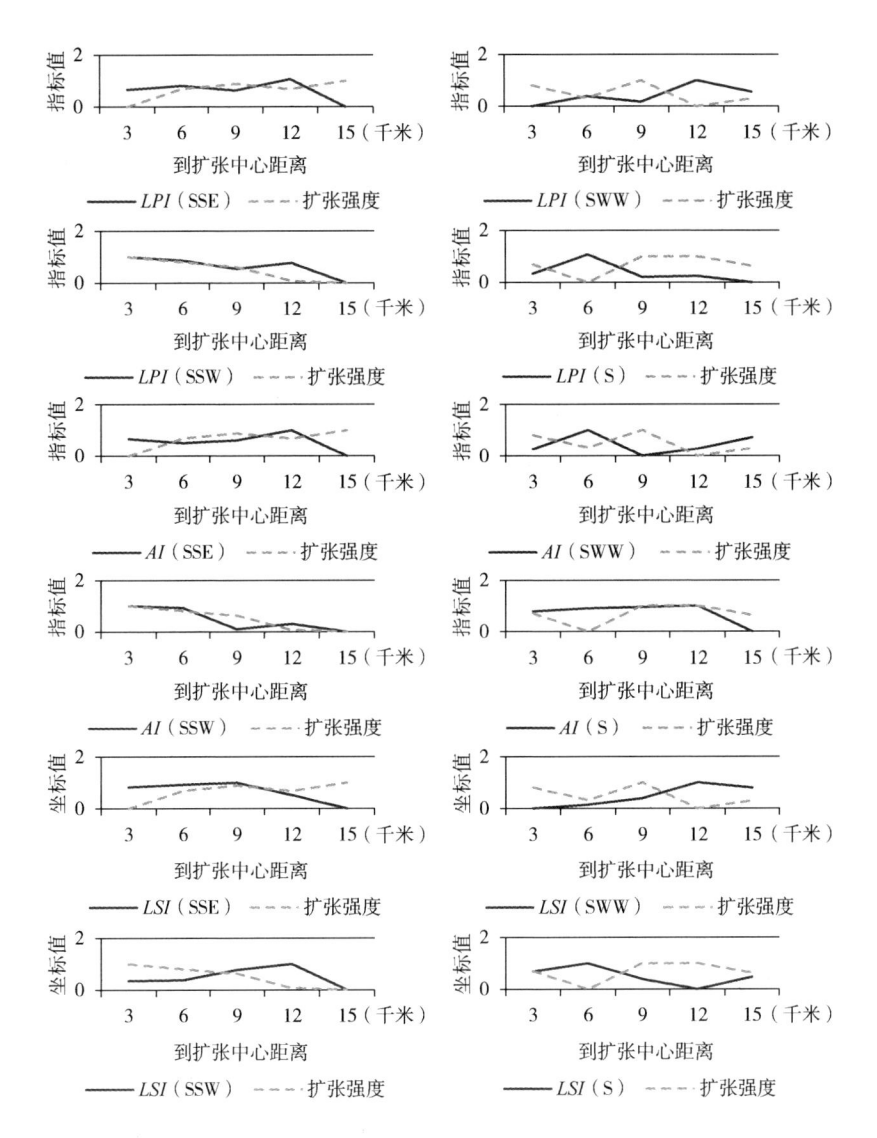

图6-10 不同方向城镇建设用地扩张强度与农村居民点景观格局变化趋势

第五节 本章小结

第一，城镇建设用地扩张规模的景观格局效应结果表明，研究区存在明显的其他景观向城镇建设用地景观转移的过程。其中，耕地是扬州市城镇建设用地扩张的主要来源；其次为农村居民点和水域，分别占城镇建设用地扩张总量的 55.73%、27.91% 与 8.39%；城镇建设用地扩张对林地、草地、交通用地、未利用地的占用相对较少，分别占扩张总量的 2.64%、0.62%、4.14% 及 0.57%。

第二，城镇建设用地扩张强度与景观水平相关指数拟合结果显示：城镇建设用地扩张降低了景观破碎度和景观多样性，提高了景观连通性。城镇建设用地扩张强度与景观类型水平相关指数拟合结果显示：城镇建设用地扩张对耕地、林地、水域、农村居民点的影响较为显著，其中，城镇建设用地扩张在短时间内改变了耕地景观的数目、大小、形状及空间分布与配置，孤立斑块数量增加，耕地破碎度降低，斑块连通性下降、景观形状趋于规则；林地景观被建筑物、水泥路面、基础设施等替代和破坏，造成林地覆盖率降低，景观破碎度增加，连通性降低；随着城镇建设用地扩张强度的增加，水域破碎度上升，连通性下降；农村居民点斑块破碎度下降、连通性增加、形状规则化。

第三，在城镇建设用地扩张主要方向上，城镇建设用地开发造成以城镇建设用地为基质的景观破碎度降低、连通性增强，景观多样性降低。在城镇建设用地扩张主要方向上，受影响最大的景观类型是耕地、水域、农村居民点，其他景观类型由于分布较少，受影响程度较低。其中，城镇建设用地扩张强度增强，促使耕地与水域景观因面积减少而破碎度降低、连通性下降、形状趋于规则，导致农村居民点景观破碎度降低、连通性降低、形状趋于规则。

第七章 基于景观安全格局的城镇建设用地扩张多情景模拟研究

借助基于人工神经网络的元胞自动机模型（ANN-CA），模拟不同景观安全格局水平情景下2020年城镇建设用地空间布局；以土地利用总体规划2020年城镇建设用地规划目标作为城镇建设用地规模约束，以第五章城镇建设用地影响因素识别结果作为城镇建设用地适宜性规则；基于生态系统服务价值理论构建区域粮食安全格局、防洪安全格局、生物保护安全格局、游憩安全格局，通过叠加分析与"木桶"原理，构建景观安全格局，并划分为高、中、低水平的景观安全格局，作为不同模拟情景下的城镇建设用地转换元胞空间；基于前文城镇建设用地扩张影响机制研究结果确定相关模型参数，最终得出三种情景下的城镇建设用地模拟配置结果。

第一节 景观安全格局构建

景观安全格局（Security Patten）是生态安全格局的一部分，是指为了维护区域景观生态安全和健康的空间格局，将景观生态学的相关理论作为研究基础，通过建立格局—过程关系，并通过模拟设立生态基础设施，是维持持续性生态系统服务的基本保障（张利等，2015；王思易，2013）。因此，通过构建区域景观格局，限制未来城镇建设用地扩张过程中对重要景观类型的侵占与破坏，对保护景观类型的社会、经济、生态效益具有重要意义。

生态系统服务是在生态系统与生态过程中所形成的维护人类生存与发展的自然效用（谢高地等，2008）。根据MEA（Millennium Ecosystem Assessment）将生态系统服务功能主要划分为供给功能、调节功能、支持服务、文化服务四大方面。根据研究区社会经济及景观发展特征，需要重点维护的生态服务可归纳为粮食安全、防洪安全、生物保护、游憩景观保护（丁宏伟等，2003；陈吉江等，2009）。

景观安全格局将景观过程作为通过克服空间阻力实现变化的过程，通过建立景观要素或物种扩散的阻力面，并根据生态过程与扩散趋势划定不同等级的安全格局。基本构建方法为：

（1）确定"源"。"源"景观指一个生态过程的源头，是能提供各种物质、能量和物种的空间单元或生态系统，即景观安全格局的保护对象（王云才，2014）。

（2）建立阻力面。基于最小阻力模型，结合ArcGIS中的费用距离模型构建景观安全格局阻力面，即：

$$MCR = f\min \sum\nolimits_{i=n}^{i=m}(D_{ij} \times R_i) \qquad (7-1)$$

式（7-1）中，MCR为最小阻力值，D_{ij}为物种从"源"地 j 到空间某一点通过的某景观基面 i 的空间距离，R_i为景观基面 i 对物种运动的阻力。

（3）识别安全级别。基于阻力面等值线的拐点及作用，确定不同安全水平的阻力面范围及边界。

本章基于建立粮食安全格局、防洪安全格局、生物保护安全格局、游憩安全格局等单一生态服务安全格局，通过叠加分析，构建研究区景观安全格局。

一 粮食安全格局

伴随城镇建设用地不断扩张，作为其最重要的经济供给来源，扬州市农用地被大量占用，导致优质农田的粮食生产总量降低，粮食安全面临严重威胁。农用地具有重要的生态供给功能，景观安全格局应保障区域粮食安全。基本农田的划定是保障区域粮食安全的重要举措，基于已有研究（渠爱雪等，2011；吕晓等，2015），分别将距离基本农田0—500米、500—800米、大于800米作为粮食安全格局的低、中、高水平区域。

二 防洪安全格局

扬州市境内水域面积较广，河流众多，且位于我国第三级地质板块内，地势相对较低，同时受季风气候影响，夏季降雨较为集中，加之江河汛期的影响，导致区域防洪形势非常严峻，70%的区域位于历史洪水水位之下。城镇建设用地扩张与水利工程建设一定程度上使水资源丧失了蓄洪调控、生物保护与生态美学的功能（孙君等，2012）。防洪安全格局的建立应顺应洪水自然宣泄，发挥水域的洪水调蓄作用，利用其与平原构建天然泄洪渠道，从根本上实现防洪目的。首先采用"无源淹没"方式（谢高地等，2008），参考长江扬州段水文资料及历史洪水资料，建立五十年一遇（8.85米）、二十年一遇（6.36米）、十年一遇（5.69米）的洪水风险级别下的淹没格局；其次为满足自然泄洪需求，将水库水面、河流湖泊、内陆滩涂等具有调蓄功能的水域作为防洪源地，构建蓄洪格局；最后叠加淹没格局与蓄洪格局，建立防洪安全格局并划分为高、中、低三个等级。

三 生物保护安全格局

研究区城镇建设用地扩张造成生物栖息地日益减少、破碎度增加、迁徙廊道消失及连通度降低等问题,生物多样性面临威胁。因此,本章通过识别生物保护源地与迁徙廊道,建立生物保护安全格局,通过生境网络优化促进生物多样性提升。因此,选择白鹭(候鸟)和灰喜鹊(留鸟)作为研究区指示性物种,分别采用生境适宜性评价与阻力面分析确定安全格局,通过叠加分析与自然断点法,构建高、中、低三级生物保护安全格局(胡望舒等,2010)。

(一)基于生境适宜性的生物保护安全格局

白鹭作为代表性候鸟,其适宜生境与水体分布有密切关系,喜河岸、湖泊、滩涂、沿河溪流,适宜栖息于地势平坦的水域周围,远离人类活动较多的城镇、交通用地。因此,结合已有研究及研究区特征,建立以白鹭为代表的生物栖息地适宜性评价指标体系,利用自然断点法划分为高、中、低三个等级(见表7-1)。

表7-1　　候鸟生境适宜性评价指标体系

评价指标	评价因子	评价分值	评价权重
土地覆盖类型	水域	10	0.5
	林地	6	
	耕地	5	
	园地、草地	4	
	其他农用地	3	
	城乡建设用地	2	
	交通用地、水利设施用地	1	
到镇中心、农村居民点的距离(米)	≥200	10	0.3
	100—199	6	
	0—99	1	

续表

评价指标	评价因子	评价分值	评价权重
坡度（度）	0—5	10	0.2
	6—15	8	
	16—25	4	
	26—60	2	
	61—90	1	

资料来源：胡望舒、王思思：《基于焦点物种的北京市生物保护安全格局规划》，《生态学报》2010年第16期。

（二）基于阻力面分析的生物保护安全格局

生物保护安全格局以灰喜鹊为指示性物种，其空间上的水平运动受地面土地覆盖类型影响较大，但受坡度与海拔等地形的影响较小，因此可通过最小阻力模型的构建，模拟指示性物种在水平空间上的运动过程（丁宏伟等，2003）。灰喜鹊主要栖息于林地，活动半径为2千米，在1∶10万的土地利用现状图上，选择总规模不小于100000平方米的林地作为灰喜鹊的活动源地，小于此规模的林地可作为留鸟迁徙的跳板；留鸟空间上的水平运动可视为从源地（林地）出发，克服不同土地覆盖类型的阻力而迁徙的过程，因此土地覆盖类型越接近林地，其作为阻力面的阻力值就越小，反之越大。基于土地覆盖类型，构建最小阻力模型，利用自然段点法将测算结果划分为高、中、低三级（见表7-2）。

表7-2　　　　　留鸟生境适宜性评价指标体系

阻力因子	分类	阻力系数
土地覆盖类型	有林地	0
	其他林地	10
	水域	20
	草地	30

续表

阻力因子	分类	阻力系数
土地覆盖类型	内陆滩涂	50
	耕地、园地	100
	其他农用地	200
	其他建设用地	300
	城乡建设用地	400
	交通用地、水利设施用地	500

资料来源：胡望舒、王思思：《基于焦点物种的北京市生物保护安全格局规划》，《生态学报》2010年第16期。

四 游憩安全格局

扬州市是著名的旅游城市，境内生态环境优越，自然与人文景观丰富，具有较高的游憩价值。游憩安全格局是人在景观中主动体验的水平过程，与区域景观类型与布局、廊道连通性、自然与人文景观有密切关系，因此本章将水体、滩涂、风景名胜、乡土文化遗产作为区域游憩安全格局构建的源地，根据研究区实际情况确定阻力系数值，采用最小阻力模型与自然段点法，构建区域游憩安全格局（俞孔坚等，2009）（见表7-3）。

表7-3　　　　　　　游憩过程阻力要素及阻力系数

阻力因子	阻力分类	阻力系数
土地覆盖类型	有林地	100
	其他林地	150
	草地	200
	其他农用地	250
	耕地、园地	300
	建设用地	500
水系、湿地	水域	0

续表

阻力因子	阻力分类	阻力系数
山体	高程大于20m	0
文化景观	风景名胜用地	0

资料来源：俞孔坚、乔青、李迪华等：《基于景观安全格局分析的生态用地研究——以北京市东三乡为例》，《应用生态学报》2009年第8期。

五 景观安全格局

叠加粮食安全格局、防洪安全格局、生物保护安全格局、游憩安全格局，利用"木桶原理"叠加各评价单元的各类型景观安全格局水平，各评价单元的景观安全格局水平取决于叠加的四类安全格局中的最低安全水平，构建扬州市景观安全格局。

第二节 基于ANN-CA的城镇建设用地扩张多情景模拟

一 元胞自动机（CA）模型

元胞自动机模型（Cellular Automaton Model，简称CA模型），是网络动力学模型的一种，是不完全按照物理方程或微积分函数定义的基于多重模型的、时空离散的耦合模型（范晓锋，2016）。元胞自动机模型主要由元胞、元胞空间、邻域、转换规则、时间等模块组成。其中，每个参与构建模型的单元被称为"元胞"，是元胞自动机最基本的组成单元，具有简易的存储功能，其格局是空的变化，在一维、二维或多维欧几里得晶格空间点上分布，每一个元胞均具有固定的标识码与属性数据。元胞空间是多个元胞组合，是元胞在欧几里得晶格空间点上的分布集合，元胞空间形态可根据几何条件或边界条件划分，根据几何条件又可将空间分为多维，但研究中较多使用二维元胞空间。元胞邻域是指各元胞的状态，每一个元胞转换时均取决于其周围元胞的状态，确定待转换元胞的邻域状态是元胞自动机模型的关键，通常有冯·诺依曼型、摩尔型和扩展的摩尔型三种。元胞自动机的转换规则决定了元胞的转换状态，是基于待转换元胞及其邻域元胞的状态确定的一种非线性函数或动力学函数，进而构建基于特定空间、特定时间的离散型元胞空间。元胞自动机模型的时间是等间连续的，t 时刻的元胞及其邻域元胞状态决定了其在第 $t+n$ 时刻的元胞状态。

二 ANN 模型

人工神经网络（Artificial Neural Networks，简写为 ANN）模型是一种模拟运行工具，它通过模仿人类大脑神经网络的运行机制，构建类似于大脑神经突触相互连接，并分析被输入的数据的数学模型。ANN 模型由节点和神经元多重组合并连接组成。各种信息在各个节点上流动，并组成包含输入层、隐藏层和输出层的三层结构。ANN 模型的每个节点都等同于一个神经元，具有记忆属性，可存储数据。各级节点通过传递信息的通道连接，并将接收到的信息进行处理：输入层接收信息后，将信息存储到输入层节点中，经过本层节点对信息进行处理，处理后把信息输出并传递给隐藏层的节点，隐藏节点将信息通过隐藏函数进一步处理后再输出，直到传递至整个神经网络工作结束。对比传统的数学方法，神经网络具有更强大的功能，具备并行分布处理能力、自主学习能力、非线性处理能力等多种能力，可以将噪声、冗余、不完整的信息有效地剔除，得到比较精确的输出数据及结果，因此可被广泛应用于社会各行业之中，如信号处理与预测、最优问题求解计算、模式信息处理与模式识别等方面。

三 ANN-CA 模型构建

学者们对 CA 模型进一步开发,借助神经网络自动获取元胞转换规则与相关模型参数,构建了神经网络—元胞自动机(ANN-CA)模型,该模型可有效反映空间变量间的复杂关系,不需要人为确定 CA 模型的转换规则及相关的参数。ANN 模型的应用降低了 CA 模拟的难度,将模拟精度极大地提高,克服了传统 CA 模型需要人工设定相关参数的问题,成为当前土地利用变化模拟研究中应用最广泛的模型之一。

ANN-CA 模型由训练(纠正)模块与模拟模块两部分组成,训练(纠正)模块中,先通过数据抽样来训练人工神经网络,系统会自动获得相应的参数,然后将参数输出到模拟模块进行模拟运算,通过使用相同的神经网络,实现数据传递与输出,适用于复杂的土地利用系统。在土地利用变化模拟应用时,模型训练(纠正)模块的输入数据为影响土地利用变化的各种影响因素、邻域窗口中各种土地利用类型规模、现状土地利用类型,输出值为各种土地利用类型之间的转换概率。ANN-CA 模型的模拟模块,以训练模块输出的各种土地利用类型之间的转换概率值为基础,和需要转换的土地利用类型进行判断,然后决定待评价元胞是否可以转换,从而实现特定地类的模拟预测。

ANN 模型由输入层、隐藏层与输出层三层组成。

(一)输入层

对于每个模拟的元胞单元,附加着 n 个属性(变量)值,每个属性(变量)值对应着神经网络第一层的 n 个神经元细胞,决定了每个元胞单元在时刻 t 上的土地利用转换概率,即:

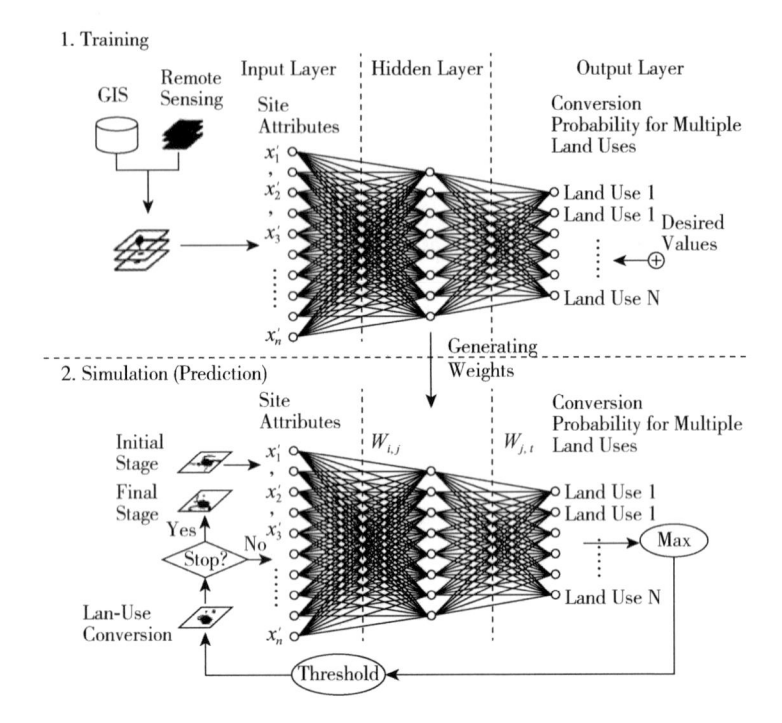

图 7-1 典型人工神经网络输入—输出网络体系

$$X(k, t) = [x_1(k, t), x_2(k, t), \cdots, x_n(k, t)]^T \quad (7-2)$$

式（7-2）中，$x_n(k, t)$ 为单元 k 在模拟时间 t 的第 i 个变量，T 为转置。

（二）隐藏层

输入层接收变化信号后，将其输出到隐藏层，隐藏层第 j 个神经元接收的信号为：

$$net_j(k, t) - \sum_i w_{i,j} x'_i(k, t) \quad (7-3)$$

式（7-3）中，$net_j(k, t)$ 是模型的隐藏层中第 j 个神经元接收到的信号，$w_{i,j}$ 为输入层与隐藏层之间传递的权重值（参数值）。

（三）输出层

隐藏层对信号生成响应值，并输出到最后的输出层，即：

$$P(k,t,l) = \sum_{j} w_{j,l} \frac{1}{1 + e^{-net_{j(k,t)}}} \qquad (7-4)$$

式（7-4）中，$p(k, t, l)$ 为单元 k 在模拟时间从现状地类转变为 l 地类的转换概率，$w_{j,l}$ 为隐藏层与输出层之间的参数（权重值），$\frac{1}{1 + e^{-net_{j(k,t)}}}$ 为隐藏层的响应函数。

经随机变量 RA 引入 CA 中，模拟结果将更接近实际情况（White, et al. 1993），即：

$$P(k,t,l) = RA \times \sum_{i} w_{j,l} \frac{1}{1 + e^{-net_{j(k,t)}}}$$

$$= [1 + (-\ln\gamma)^{\alpha}] \times \sum_{j} w_{j,l} \frac{1}{1 + e^{-net_{j(k,t)}}} \qquad (7-5)$$

式（7-5）中，$[1 + (-\ln\gamma)^{n}]$ 为随机项，γ 为落入 [0, 1] 范围内的随机数，α 为控制随机变量大小的参数。

每次循环运算中，神经网络 ANN 的输出层计算出对应 N 中地类的转换概率，对比转换概率值可确定土地利用转换类型。由于一个元胞只能同一时刻转换为一种地类，因此可根据转换概率最大值确定转换类型。同时可引入阈值控制变化规模，阈值范围为 [0, 1]，该值越大，每次循环中参与转变的元胞数越少。

四　基于 ANN-CA 模型的城镇建设用地多情景预测

基于景观安全格局与 ANN-CA 模型，结合前文城镇建设用地扩张驱动机制研究，本章进行城镇建设用地的多情景模拟预测。模拟过程中，科学设定模型的元胞单元、输入的变量种类与数值、ANN-CA 模型各层级的相关参数、土地利用类型之间的转换规则等要素，开展 ANN-CA 模型的网络训练。基于该训练结果，预测不同景观安全格局情景下 2020 年城镇建设用地空间配置。

(一) 确定元胞和元胞状态

1. 元胞和元胞空间

元胞是 ANN 模型中的基本组成单元，在城镇建设用地扩张模拟模型中，以尺寸统一的土地利用栅格为表现形式，并呈现离散化的状态，所有的元胞共同组成了元胞空间。本章利用 ANN-CA 模型，结合地理信息系统的空间分析功能，将扬州市的现状土地利用矢量图作为基础分析图，通过模型训练、计算转换规则等功能，实现对研究区城镇建设用地扩张的模拟分析。根据前文的尺度与精度分析，确定 30×30 米的栅格单元为元胞，每个元胞代表的土地面积为 0.9 平方千米。根据景观安全格局构建结果，设定不同情景下的元胞空间，模拟 2020 年城镇建设用地空间布局（见表 7-4）。

表 7-4　　　　　　　　　不同情景下的元胞空间

情景	元胞空间
惯性发展情景	研究区全域
基本保障情景	中、高安全格局区域
最优保护情景	高安全格局区域

2. 元胞状态

元胞状态是指元胞可能转换成的各种类型，可以是 $S = \{0, 1\}$ 的二元集合，或是 $S = \{S_0, S_1, \cdots, S_i, \cdots, S_k\}$ 的整数多元集合。因为本章应用于城镇建设用地扩张模拟，所以元胞状态赋值为各种景观类型。参考前文景观分类结果，确定元胞状态集，表示如下：

$S = \{$耕地，林地，草地，水域，城镇建设用地，农村居民点，交通用地，未利用地$\}$

(二) 元胞邻域

CA 模型基于已定转换规则，对元胞空间内的所有元胞进行模拟运算，是一种对复杂变化系统的模拟。模拟运算过程中，每一个待转换的元胞单元受多种因素影响，包括自身属性，也包括周围一定缓冲区范围内的元胞单元的影响。因此，确定邻域范围、明确固定元胞的邻域单元数量并写入转换规则中至关重要。因为景观类型转变一定受周围景观的影响，所以本研究在模拟过程中，采用扩展摩尔（Moore）型邻域规则来确定邻域影响待转换元胞的范围，邻域定义如下：

$$N_{Moore} = \{v_i = (v_{ix}, v_{iy}) \mid |v_{ix} - v_{0x}| + |v_{iy} - v_{0y}| \leq r, (v_{ix}, v_{iy}) \mid \}$$

(7-6)

式（7-6）中，v_{ix}、v_{iy} 表示邻居元胞的行列坐标值，v_{0x}、v_{0y} 表示中心元胞的行列坐标值，r 为邻域半径。在扩展摩尔型邻域规则中，每个元胞存在 $(2r+1)^2 - 1$ 个领域单元。邻域半径由研究需求决定，由于城镇建设用地转化的概率随着距离渐远呈指数衰减，因此本研究将元胞受影响的领域范围设为900米，即邻域半径为9，每一个元胞的状态转变将受到邻近360个元胞的影响。

（三）模型转换规则

元胞转换规则的确定是实现 ANN-CA 模型模拟的重要环节。本研究基于研究目的，确定转换规则包括城镇建设用地扩张的约束规则（不转换规则）、城镇建设用地扩张的适宜性规则（影响因素规则）、元胞的邻域作用规则、随机因素作用规则等。充分考虑区域社会、经济、生态等对城镇建设用地扩张的需求与限制，将随机因素引入模型，使模型更符合城镇建设用地扩张的客观规律。

1. 城镇建设用地转换规模约束规则

城镇建设用地扩张规模由区域供给能力与社会经济发展需求共同决定，是土地供给与需求相互作用下的动态均衡。因此，某一时间点的城镇建设用地现状规模是土地供给与土地需求相互作用下的动态均衡。城镇建设用地扩张的合理规模必须要考虑研究区域的景观安全格局，并满足社会经济发展的需要，才能实现可持续发展。

基于 ANN-CA 模型的城镇建设用地扩张模拟，城镇建设用地扩张的影响因素和约束规则决定了城镇建设用地元胞的数量和空间布局。本章参照《扬州市土地利用总体规划（2006—2020 年）》相关成果，确定到 2020 年扬州市城镇建设用地扩张规模为 45075.39 公顷，待转换为城镇建设用地状态的元胞即 2013—2020 年的城镇建设用地新增规模。

2. 城镇建设用地转换适宜性规则

根据前文研究，城镇建设用地以无弹性的自然供给为基础，其经济供给受资源禀赋、技术水平、区位条件、政府管控等约束条件制约，同时取决于社会经济发展的需求量。区域禀赋特征决定了土地的自然供给，进而影响经济供给弹性；技术水平进步会提高劳动的边际报酬率，降低土地的重要性；到中心城区越近，社会经济活动强度越高，土地转变为城市的可能性越大；而较高的交通通达度能够显著提高接受外部市场辐射的便利度，降低运输成本，从而提高区域的土地经济供给；政府拥有城镇土地所有权和实际上的集体土地开发权，政策制度直接决定城镇建设用地的经济供给规模；人口增长引起消费需求的增加，是影响土地需求的根本因素；经济发展的总量特征影响城镇建设用地的需求，进而驱动其规模变化。城镇建设用地适宜性规则表示为：

$$f_x = e^{-\beta \times d_k} \quad (k=1, 2, 3, \cdots, 7) \tag{7-7}$$

式（7-7）中，f_x 为元胞城镇建设用地适宜性，即禀赋特征、到市中心距离、交通通达度、技术水平、政策制度、人口增长、经济发展，β 为衰减系数。其中社会经济数据以村为最小统计单元，利用克里金插值法为每个元胞赋值；为了方便数据分析，CA 模型要求空间数据的赋值为 0—1，即对数据进行归一化处理，此处令 $\beta = -0.0001$。

3. 元胞邻域作用规则

待转换的元胞在下一时刻 t_{i+1} 的状态受元胞自身及周围一定范

围的邻域元胞的影响，即受时间和空间的双重影响。邻域的范围取决于元胞单元在元胞空间中流动的范围，元胞信息传递范围存在上限，元胞信息传递量与到元胞的距离呈反比。因此为有效约束元胞状态变化，要确定待转换元胞单元的邻域空间范围规模，并明确邻域范围内影响待转化元胞单元的元胞数量，并将两组数据输入转换规则中。城镇建设用地扩展模拟中，土地利用类型的转换会受到邻域的影响，一定空间范围内的土地类型会逐渐趋于同质化、集约化、规模化。本章使用邻域窗口的城镇建设用地密度来表征元胞邻域作用规则，即：

$$\theta_k^t = \frac{\sum_{r \times r} con(s_{i,j} = 5)}{(2r+1)^2 - 1} \tag{7-8}$$

式（7-8）中，θ_k^t 为邻域窗口中城镇建设用地的密度，即城镇建设用地元胞总数/邻域窗口栅格总数；$\sum_{r \times r} con(s_{i,j} = 5)$ 表示在邻域窗口中的城镇建设用地元胞总数；con（）是条件函数，当邻域窗口中某一元胞状态 $s_{i,j} = 5$，即土地利用类型为城镇建设用地时，返回值为1，否则返回值为0；$(2r+1)^2 - 1$ 表示扩展邻域窗口的栅格总数。

4. 随机扰动规则

随机扰动项是指城镇建设用地扩张模拟过程中的随机因素，比如战争、自然灾害等认为不可控的因素，即：

$$Random_{i,j} = 1 + (-\ln\gamma)^\alpha \tag{7-9}$$

式（7-9）中，γ 为 [0，1] 的随机数；α 为控制随机扰动的常数变量，该常数变量的取值范围为1—10的整数，α 取值越大，$Random_{i,j}$ 值越大，元胞状态转化概率越大。因为城镇建设用地扩张实际上是由规划制定的扩张规模，具有可控性，所以其随机扰动因素的影响比较小，故本研究中，$\alpha = 1$。

5. 综合规则

据式（7-2）、式（7-3）、式（7-4）、式（7-5），确定神经网络输入变量、转换概率及相关各参数。

综合以上 ANN-CA 模型转换规则，元胞 k 时刻 t 的第 i 种土地利用类型转换概率为随机因素 × 人工神经网络计算概率 × 领域发展密度 × 转换适宜性，即：

$$P(k,t,l) = [1 + (-\ln\gamma)^{\alpha}] \times P_{ANN}(k,t,l) \times \theta_k^t \times \text{con}(S_k^t)$$

(7-10)

式（7-10）中，$1 + (-\ln\gamma)^{\alpha}$ 为随机因素；$P_{ANN}(k, t, l)$ 为土地利用类型转换的训练概率；θ_k^t 为所定义邻域窗口中目标地类的密度；$\text{con}(S_k^t)$ 为两种土地利用类型之间的转换适宜性，取值为 1 和 0，1 代表可以转换，0 代表不能转换。

通过模型计算，得到最终的转概率。将此概率与已定的 0—1 的转换阈值进行比较，如果概率值大于或等于阈值，就会发生相应的土地利用类型之间的转换。城镇建设用地扩张影响因子中的空间数据通过 ArcGIS 10.2 的空间分析功能得到各栅格的评价指标值，社会经济数据以行政村作为数据载体，利用克里金插值对栅格单元进行指标赋值。

第三节 扬州市城镇建设用地扩张多情景模拟

一 景观安全格局构建结果

（一）粮食安全格局

低粮食安全格局范围内是研究区重要的基本农田分布区，区内粮食生产功能应被充分保护，禁止一切城镇建设用地开发活动；中粮食安全格局范围内可适当安排部分城镇建设用地，通过合理配置农业相关产业园区，结合"精准扶贫"政策，促进农民增收；高粮食安全格局区范围内允许城镇建设用地开发，但应注重集约、节约发展，降低耕地作为城镇建设用地的经济供给源的作用。

（二）防洪安全格局

防洪安全格局低安全水平范围内防洪任务较重，应禁止城镇建设用地开发，保留自然湿地等水域，保障洪水自然宣泄的需要，同时弱化人工水利工程，加快推进退耕还湿、还水；防洪安全格局中安全水平区应限制城镇建设用地开发，适度修建水利工程与湿地公园，尽量开展生态退耕、恢复自然河道；防洪安全格局高安全区允许城镇建设用地开发，但应注重城镇建设用地附属建筑物的防洪安全是否达标，同时限制影响防洪安全与重污染企业落地，维护区域防洪安全。

（三）生物保护安全格局

叠加候鸟生境适宜性评价与留鸟生境安全格局结果，得到研究区综合生物保护安全格局，并划分为高、中、低三种安全水平。生物保护安全格局低安全水平区应禁止城镇建设用地开发，减少人类生存与发展对重要景观的改造，建立生态保护区，修复区内物种生存空间，适度建立生态廊道，加大野生生物检测与保护力度；生物保护安全格局中安全水平区应限制城镇建设用地扩张，设立生态敏感保护区，避免城镇建设破坏区内生物多样性；生物保护安全格局高安全水平区允许城镇建设用地开发，注重构建生物生存与人类活动之间的绿色屏障，适当调整土地利用方式，增加生物生存空间，避免建设开发破坏生态脆弱区。

（四）游憩安全格局

游憩安全格局低安全水平区应禁止城镇建设用地开发，加强山体、水域等自然风貌的修复与保护，完善历史文化等重要景点的监督与管理政策，根据景观特点设定差异化的游憩模式；游憩安全格局中安全水平区应限制城镇建设用地开发，在保持自然要素原始形态与功能基础上可适度允许部分城镇建设用地开发，同时建立游憩基础设施，提升绿色廊道与核心源地连接度；游憩安全格局高安全区域允许城镇建设用地开发，但应保障城镇建设用地与核心源地之间游憩廊道畅通，适当增加小型绿色游憩景观，协调游憩景观与城镇建设的关系。

（五）景观安全格局

叠加粮食安全格局、防洪安全格局、生物保护安全格局、游憩安全格局，综合取低后得到扬州市景观安全格局，并分为低、中、高三个级别。研究区景观安全格局低安全水平区面积为487552.99公顷，占评价区总面积的75.76%，由生态系统最重要的源和关键地区组成，是景观安全格局的"核心区"，保障基本景观生态服务功能，是区域发展中不可逾越的生态底线，需对该区域进行重点保护，严禁城镇建设用地开发等人类活动对景观生态的破坏；研究区景观安全格局中安全水平区面积为121566.47公顷，占评价区总面积的18.89%，是包围景观安全格局低安全水平区外的"缓冲区"，具有较为丰富的景观生态服务功能，生态系统干扰后恢复期较短、抗干扰能力较强，需要持续性维护与保持区内生态系统稳定，限制城镇建设用地开发活动；研究区景观安全格局高安全水平区面积为34429.89公顷，占评价区总面积的5.35%，保障了最丰富的景观生态服务功能，域内生态系统抗干扰能力最强，能长期保持稳定、健康，可宜时宜地地进行城镇建设用地开发。

二 城镇建设用地扩张多情景模拟结果

ANN-CA模型模拟城镇建设用地扩张配置时，通过设定不同的元胞空间情景，探求不同景观安全格局情境下的城镇建设用地空间配置方案。本模型设置输入层 16 个神经元，对应 7 项影响元胞状态变化的空间变量、8 项邻域空间内的其他景观类型数量信息和 1 个当前元胞景观信息；三层神经网络隐藏层的神经元数目至少为输入层神经元数目的 2/3，设定为 12；输出层包括 9 个输出项，分别对应耕地、林地、草地、水域、城镇建设用地、农村居民点、交通用地、未利用地的训练概率。由于遍历所有数据耗时较长且难以收敛，需对数据做抽样处理，相关参数设定如表 7-5 所示。

表 7-5　　　　　　　　　ANN-CA 模型训练参数

训练参数	设定值
元胞大小	30×30 米
元胞状态	耕地、林地、草地、水域、城镇建设用地、农村居民点、交通用地、未利用地
数据抽样比例	5%
训练集比例	80%
验证集比例	20%
隐藏层元胞数量	12
学习速率	0.05
训练终止条件	迭代次数达 500 次

根据输入数据与参数开展训练，迭代次数达 30 次时，模拟精度达 74.38%，满足训练精度要求；迭代次数达 500 时，训练中止，输出各景观类型转换概率。基于训练结果，输入不同的待训练元胞空间，模拟 2020 年城镇建设用地扩张空间布局（见图 7-2）。

（一）不同情景下城镇建设用地扩张差异

惯性发展情景主要是将扬州市全域作为 2013—2020 年新增城镇建设用地模拟的元胞空间，依据神经网络训练得到的城镇建设用

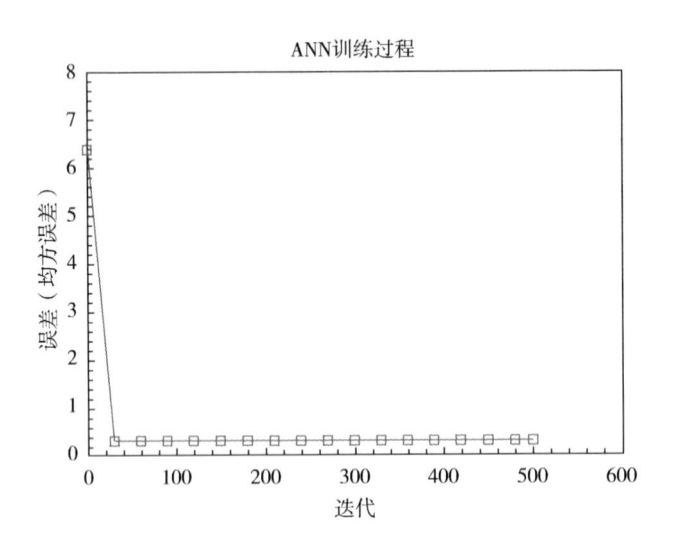

图 7-2　ANN-CA 模型训练收敛图

地转换概率，预测未来无景观安全格局约束下的新增城镇建设用地空间布局趋势。模拟结果显示，惯性发展情境下，城镇建设用地扩张主要以现状城镇建设用地为基础，以交通与河流为依托，呈现组团式扩张。由于各区（县、市）城镇建设用地供求条件差异，其扩张量存在区别。2013—2020 年研究区新增城镇建设用地主要分布在中心城区及其周围，即广陵区、仪征市、邗江区、江都区，其中，中心城区的邗江区与广陵区最多，占扩张总量的 26.38% 与 13.72%；江都区与仪征市略高，分别占扩张总量的 19.76% 与 16.86%，形成了扬州市的两个次级城镇建设用地集中区，其原因一方面可能是因为原有中心城区内城镇建设用地密度比较高，扩张空间不足；另一方面是因为江都区与仪征市耕地数量较少，技术水平有限，区位条件优越，土地利用集约程度不高，地方政府财政压力较大，城镇建设用地供给条件较好，同时社会经济发展条件相对较好，城镇建设用地需求旺盛，因此城镇建设用地增长较快。而宝应县和高邮市城镇建设用地适宜性较低，配置比例不高。

基本保障情景主要是将扬州市中、高景观安全格局覆盖区域作为2013—2020年城镇建设用地扩张模拟的元胞空间。模拟结果显示，该情景与惯性发展情景相似，城镇建设用地仍表现为组团式发展，2013—2020年研究区城镇建设用地扩张主要分布在中心城区及其周围，即邗江区、广陵区、江都区、仪征市，分别占扩张总量的26.62%、13.71%、19.37%、17.39%，两个次级城镇建设用地中心发育明显。由于邗江区、仪征市境内有重要的生态源地，因此禁止低景观安全格局区域内的城镇建设用地开发后，挤压部分新增城镇建设用地向广陵区、江都区的城镇建设用地适宜区域配置。

最优保护景观安全格局情境下，将景观安全格局构建结果中的高安全格局区域作为ANN-CA模型拟合的元胞空间，模拟2013—2020年研究区新增城镇建设用地的空间布局。拟合结果表明：与惯性发展、基本保障景观安全格局相似，最优保护情景下，城镇建设用地扩张依然以现状城镇建设用地集中区为中心，呈组团发展模式。扩张比例最高的是中心城区域内的邗江区、广陵区，以及中心城区外围的江都区、仪征市，各占扩张总量的26.88%、13.20%、18.93%、18.98%；最低的依然是高邮市与宝应县，占扩张总量的13.13%、8.88%（见表7-6）。

表7-6　　　各区（县、市）不同情景下的城镇建设用地模拟扩张规模　　　单位：公顷

区（县、市）	各情景下城镇建设用地模拟规模			
	2013年	惯性发展	基本保障	最优发展
邗江区	10911.73	11889.16	11999.65	12116.19
广陵区	5500.12	6183.88	6180.96	5949.56
江都区	8060.60	8908.70	8728.94	8533.54
仪征市	6845.22	7601.18	7839.45	8553.27
高邮市	5738.94	6264.98	6212.12	5920.10

续表

区（县、市）	各情景下城镇建设用地模拟规模			
	2013 年	惯性发展	基本保障	最优发展
宝应县	3921.02	4227.49	4114.27	4002.73
合计	40977.63	45075.39	45075.39	45075.39

（二）不同情景下城镇建设用地扩张来源差异

惯性发展情景下，在无景观安全格局约束下，城镇建设用地扩张将按其原有发展趋势，继续侵占低景观安全格局区域与中景观安全格局区域，拟新增城镇建设用地呈"摊大饼"式扩张，以布局在低景观安全格局区为主，占扩张总量的 2.34%，仅 3.42%、14.23% 位于中、高景观安全格局区域。城镇建设用地扩张占用其他景观类型面积由多到少依次为农村居民点、水域、交通用地、耕地、林地、草地、未利用地，具有重要生态服务价值的景观被城镇建设用地大量占用。其中，城镇建设用地扩张占用农村居民点规模最大，占新增总量的 39.31%，一定程度上推动了农村居民点整理。占用耕地规模占新增总量的 4.75%，且 2.32%、1.88% 位于低、中景观安全格局区，对研究区粮食安全造成极大威胁。水域占用量高达 38.02%，其中 31.27%、5.47% 来自低、中景观安全格局区域；林地占用量仅为新增总量的 2.67%，其中 2.11%、0.44% 位于低、中景观安全格局，造成生态源地规模减小，对防洪安全、生物保护安全、游憩安全造成极大影响。因此，在惯性发展情景下，城镇建设用地扩张对研究区景观生态安全造成极大危害，不利于境内生态系统的维护与发展。

在基本保障情景下，模拟新增城镇建设用地以布局在中景观安全格局为主，占扩张总量的 68.64%，与惯性发展情景相比，高景观安全格局内的新增城镇建设用地占比增至 31.36%，有利于减少人类活动对生态源地的影响。城镇建设用地扩张占用其他景观类型规模由多到少依次为农村居民点、耕地、交通用地、水域、林地、草地、未利用地。其中农村居民点仍是主要的城镇建设用地经济供给源，占扩张用量的53.83%。扩张占用耕地比例为17.72%，明显高于惯性发展情景，但主要集中于中景观安全格局区内。城镇建设用地扩张占用水域比例为12.34%，比惯性发展情景减少了25.68%，林地被占用比例降低了0.74%，有利于减少人类活动对生态敏感区的影响。

最优保护情景下，城镇建设用地扩张占用其他景观类型的规模由高到低依次为农村居民点、耕地、交通用地、水域、林地、未利用地、草地。与惯性发展情景、基本保障情景相比，农村居民点仍然是城镇建设用地扩张的主要经济供给来源，多位于现状城镇建设用地集中地周围，符合靠近镇中心、城中心的农村居民点整理为城镇建设用地的农村居民点整理模式，有利于推进城镇化进程、统筹城乡发展。扩张占用耕地规模为总量的18.15%，但集中于高安全格局区，对粮食安全影响较小。与惯性发展情景、基本保障情景相比，扩张占用水域比例分别降低了30.91%、5.23%，占用林地比例分别降低了1.41%、0.67%，可极大保障区域生态系统稳定发展。由于未利用地、草地面积相对较少，交通运输用地分布较为均匀，因此城镇建设用地扩张占用这三种景观的规模在不同情景模拟中差距不大（见表7-7）。

表7-7　　　　不同情景下的城镇建设用地扩张占用

其他景观规模　　　　　　　　　　　　单位：公顷

景观分类	惯性发展情景				基本保障情景			最优保护情景
	景观安全格局分区规模			合计	景观安全格局分区规模		合计	景观安全格局分区规模
	高	中	低		中	高		高
耕地	22.43	76.87	95.22	194.52	514.38	211.87	726.25	743.74

续表

景观分类	惯性发展情景				基本保障情景			最优保护情景
	景观安全格局分区规模			合计	景观安全格局分区规模		合计	景观安全格局分区规模
	高	中	低		中	高		高
林地	5.04	17.85	86.42	109.31	61.07	18.12	79.19	51.63
草地	3.41	14.18	15.11	32.70	50.31	9.32	59.63	13.93
水域	52.48	224.01	1281.30	1557.79	456.57	48.99	505.56	291.35
农村居民点	375.67	797.89	437.47	1611.03	1386.43	819.26	2205.69	2335.72
交通用地	117.54	231.96	219.12	568.62	333.73	172.48	506.21	610.57
未利用地	6.63	6.92	10.26	23.81	10.41	4.81	15.22	50.81
合计	583.20	1369.68	2144.90	4097.78	2812.90	1284.85	4097.75	4097.75

（三）不同情景下景观格局差异

城镇建设用地扩张对区域景观整体以及农村居民点、耕地、水域、林地影响较大，因此对比分析不同情境下上述景观水平、景观类型水平的景观格局变化，研究结果表明：

在惯性发展情景下，研究区 2020 年各景观指数较 2013 年均有变化。在景观水平上，NP 增加，PD 上升，LPI 减小，景观破碎度增加；AI 降低，说明景观连通性下降；$SIEI$ 减少，景观多样性下降，不利于生物多样性保护。景观类型水平上，城镇建设用地与农村居民点均表现为 NP、PD 降低，LPI 增大，景观破碎度降低；LSI 降低，景观形状趋于规则；AI 增加，景观连通性增强，有利于城镇经济发展和农村居民点整理。耕地 NP、PD 增加，LPI 不变，景观类型破碎度升高；LSI 变高，斑块形状趋于不规则；AI 减少，连通性下降，不利于耕地机械化生产，影响粮食产量。林地 NP 略有升高，受研究尺度影响，PD、LPI 不变，景观破碎度略有增加；LSI 略有增加，景观形状趋于不规则；AI 降低，连通性降低，极易导致生物多样性丧失。水域景观的 NP、LPI 增加，LPI 减小，破碎度上升；*LSI* 减小，水域景观形状趋于规则；*AI* 变化不大，不利于区域水土保持与生物多样性保护。该情境下，虽一定程度上有利于城乡社会经济发展，但影响耕地生产功能，破坏水域、林地等景观生态功能（见表7-8、表7-9）。

在基本保障情景下，较2013年相比，景观水平上，*NP*、*PD* 变大，*LPI* 降低，景观破碎度增加，但变化程度低于惯性发展情景；*AI* 增加，景观连通性上升；*SIEI* 不变，景观多样性未降低，一定程度上避免生物多样性的继续降低，有利于境内物种繁衍生存与区域社会经济发展。在景观类型水平上，城镇建设用地、农村居民点景观格局变化趋势与惯性发展情景一致，但破碎度更低，规则化更明显，连通性更强，更有利于城乡发展。耕地 *NP*、*PD* 降低，*LPI* 增加，景观破碎度下降；*LSI* 略有增加，*AI* 不变，景观连通性降低，能保障耕地粮食供给功能不继续降低。林地各景观格局指数变化趋势与惯性发展情景一致，但不规则程度与连通性增强，生态服务功能破坏降低。水域各景观格局指数变化程度较小，不规则程度与连通性较惯性发展情景增强，更有利于水域资源的保护。在基本保障情境下，一定程度上有利于城乡社会经济发展，对非人工景观的破坏程度较惯性发展情景降低（见表7-8、表7-9）。

在最优保护情景下，2020年研究区景观格局较2013年相比，在景观水平上，*NP*、*PD*、*LPI* 变化程度较小，景观破碎度未明显增加；*AI* 增加，景观连通性变强；*SIEI* 没有明显变化，区域景观多样性得到保护。在景观类型水平上，城镇建设用地、农村居民点景观格局变化趋势较另外两种情景更明显，表现为破碎度最低，规则化最强，连通性最高，更有利于社会、经济发展。耕地 *NP* 略有降低，*PD*、*LPI* 变化程度较小，景观破碎度略有增加；*LSI* 略增，耕地景观不规则化；*AI* 减小，连通性降低，耕地景观的供给服务功能略有损失。林地破碎度降低，LSI 增加幅度较大，景观不规则化明显；AI 降低幅度较小，景观连通性略有降低，保证林地景观生态服务功能不持续减弱，有利于生境内部生态环境的改善与生物多样性的增加。水域 NP、PD、LPI 变化较小，景观破碎度没有明显增加；LSI 略有降低，景观形状规则化程度较小；AI 增加，景观连通性增强，各景观特征较惯性发展与基本保障情景相比，均有利于水域景观生态服务功能的维护。因此，较惯性发展情景与基本保障情景，在最优保护情景下，由于占用耕地规模较大，对耕地景观格局的保护不如基本保障情景，但对其他景观的保护更有利于区域社会、经济及生态发展（见表7-8、表7-9）。

表7-8　　　　不同情景下景观水平景观格局指数值

	NP	PD	LPI	AI	$SIEI$
2013年	64623.00	9.80	33.20	86.33	0.82
惯性发展	67548.00	10.25	32.42	86.21	0.81
基本保障	65243.00	9.90	33.21	86.37	0.82
最优保护	65225.00	9.90	33.23	86.40	0.82

表7-9　　　　不同情景下的景观类型格局指数值

景观指数/土地利用分类	情景	城镇建设用地	农村居民点	耕地	林地	水域
NP	2013年	13390.00	2908.00	14282.00	838.00	14965.00
	惯性	12400.00	2757.00	14308.00	839.00	15075.00
	基本	12275.00	1337.00	14281.00	839.00	14947.00
	最优	12092.00	1219.00	14265.00	837.00	14938.00
PD	2013年	1.92	0.81	2.17	0.13	2.27
	惯性	1.88	0.42	2.19	0.13	2.27
	基本	1.86	0.20	2.16	0.13	2.29
	最优	1.83	0.18	2.17	0.13	2.27

续表

景观指数/土地利用分类	情景	城镇建设用地	农村居民点	耕地	林地	水域
LPI	2013年	0.91	0.85	0.16	0.02	33.20
	惯性	0.98	0.99	0.16	0.02	32.42
	基本	1.12	0.93	0.17	0.02	33.21
	最优	1.31	1.30	0.16	0.02	33.23
LSI	2013年	178.66	71.45	191.06	43.11	185.79
	惯性	173.45	65.84	191.17	43.13	184.43
	基本	172.78	57.28	191.09	43.14	185.27
	最优	171.88	55.48	190.64	43.20	185.75
AI	2013年	79.44	81.49	86.84	82.10	89.22
	惯性	81.03	90.53	86.83	81.98	89.23
	基本	81.04	92.03	86.83	82.07	89.24
	最优	81.31	92.17	86.84	82.09	89.29

在惯性发展情景下，城镇建设用地扩张不受生态服务价值保护约束，可拓展空间充足，但对景观安全造成严重的不利影响。该情境下，应适当规划生态与自然保护区，合理布局防洪、防涝等基础设施，严格划定永久性基本农田，严禁建设占用；优先满足第三产业及对生态环境扰动较小的第二产业用地需求，增强土地集约化水平，避免城镇建设用地扩张对生态环境造成的不可逆影响。

在基本保障情景下，城镇建设用地扩张受生态服务底线约束，可拓展空间有限，保障了生态系统的基本安全。该情景下，应充分发挥景观安全格局的生态底线功能，粮食安全、防洪、生物保护、游憩景观安全格局的生态隔离作用，引导城镇建设用地合理开发与布局；加快经济结构转型，降低对城镇建设用地规模经济的依赖，减少对生态系统的破坏。

在最优保护情景下，城镇建设用地扩张以生态安全为优先，生态环境得到较好保护，但城镇建设用地可拓展空间较小，占用耕地规模较大；可通过盘活存量建设用地、增加单位土地投入、升级科学技术水平等方式提高土地集约利用水平，同时依托"占补平衡""城乡建设用地增减挂钩"等政策，加大耕地保护力度，避免粮食安全受损。

对比分析表明，在最优保护情景下，城镇建设用地分布、占用其他景观规模、区域景观格局变化等均优于基本保障情景，而惯性发展情景最差。因此，政府应充分考虑本区域内的社会、经济、生态条件，避免采用惯性发展情景，选择性实施基本保障情景，尽可能实现最优保护情景。

第四节　本章小结

第一，景观安全格局构建结果表明：（1）低景观安全格局区面积为487552.99公顷，占研究区总面积的75.76%，是景观安全格局的"核心区"，是区域发展中不可逾越的生态底线。（2）中景观安全格局区面积121566.47公顷，占研究区总面积的18.89%，是包围景观安全格局低安全水平区外的"缓冲区"，具有较为丰富的景观生态服务功能。（3）高景观安全格局区面积34494.25公顷，占研究区总面积的5.35%，保障了最丰富的景观生态服务功能。研究区现状城镇建设用地多集中于景观生态较为敏感的低、中景观安全格局区内，高景观安全格局区内分布较少，在未来城镇建设用地开发过程中合理配置城镇建设用地，对避免进一步的生态系统破坏、实现区域可持续发展意义重大。

第二，不同情景下的城镇建设用地扩张占用其他景观规模分析结果表明：（1）惯性发展情景下，模拟新增城镇建设用地以布局在低景观安全格局区为主，占用农村居民点占新增总量的最多，占用耕地、水域、林地较高，对研究区景观生态安全造成极大危害。

（2）在基本保障情景下，模拟新增城镇建设用地以布局在中景观安全格局为主，农村居民点仍是主要的城镇建设用地经济供给源；占用耕地规模高于惯性发展情景，但集中于中景观安全格局区内；占用水域、林地规模比惯性发展情景分别减少了25.68%与0.74%，有利于减少人类活动对生态敏感区的影响。（3）最优保护情景与惯性发展情景、基本保障情景相比，农村居民点占用规模依旧最大，占用耕地规模略大但集中于高安全格局区，占用水域比例较惯性发展情景、基本保障情景分别降低了30.91%、5.23%，占用林地比例分别降低了1.41%、0.67%，极大保障了区域生态系统稳定发展。未利用地、草地面积相对较少，交通运输用地分布较为均匀，因此新增城镇建设用地占用三种景观的规模在不同情景下模拟中差距不大。

第三，不同情景下的区域景观格局较2013年相比存在差异：（1）惯性发展情景下，景观水平上破碎度增加、连通性下降、景观多样性下降，不利于生物多样性保护。城镇建设用地、农村居民点景观格局有利于促进城镇化发展，耕地景观格局变化不利于耕地机械化生产，林地、水域的景观格局变化影响其生态服务功能。（2）在基本保障情景下，景观水平上景观破碎度变化程度低于惯性发展情景，景观连通性上升，景观多样性未降低，一定程度上避免生物多样性的继续降低，城镇建设用地、农村居民点景观格局变化趋势与惯性发展情景一致，但变化程度更大；耕地景观格局较2013年变化程度较小，林地、水域各景观格局指数变化趋势与惯性发展情景一致，但不规则程度与连通性增强；该情景一定程度上有利于城乡社会经济发展，对非人工景观的破坏程度较惯性发展情景降低。（3）在最优保护情景下，景观水平上景观破碎度变化程度较小，景观连通性变强，区域景观多样性得到保护；城镇建设用地、农村居民点景观格局变化趋势更明显，耕地景观格局变化不如基本保障情景有利于粮食安全保护，林地、水域生态服务功能不持续减弱，更有利于区域社会、经济及生态发展。

第四，惯性发展情景下，应适当规划生态与自然保护区，合理布局防洪、防涝等基础设施，严格划定永久性基本农田，严禁建设占用；优先满足第三产业及对生态环境扰动较小的第二产业用地需求，增强土地集约化水平，避免城镇建设用地扩张对生态环境造成的不可逆影响。在基本保障情景下，应充分发挥景观安全格局的生态底线功能，融合防洪、水土保持、生物保护、游憩景观安全格局的生态隔离作用，引导城镇建设用地合理开发与布局；加快经济结构转型，降低对城镇建设用地规模经济的依赖，减少对生态系统的破坏。在最优保护情景下，可通过盘活存量建设用地挖潜、增加单位土地投入，升级科学技术水平等方式提高土地集约利用水平，同时加大耕地保护力度，避免粮食安全受损。政府应充分考虑本区域内的社会、经济、生态条件，避免采用惯性发展情景，选择性实施基本保障情景，尽可能实现最优保护情景。

第八章 主要结论与政策建议

第一节 主要结论

1. 区域景观格局变化特征

景观水平的景观格局研究表明，2005—2013年研究区的景观破碎度降低，但连通性也降低，景观形状趋于多元，景观多样性降低。原因可能在于伴随研究区社会经济不断发展，人类对城镇建设用地等生产、生活性用地的景观需求增高，人类的土地开发活动日益频繁，造成许多细小斑块被城镇建设用地等生产性用地合并，造成景观破碎度变小，连通性降低，景观多样性减少，景观形状越来越复杂。景观类型水平的景观格局研究表明，2005—2013年各景观类型的景观格局变化较大：耕地景观破碎度降低，连通性减弱，形状趋于规则；林地、草地景观破碎度降低，连通性增加，形态趋于规则；水域景观破碎度降低，连通性增加，景观形态趋于复杂；农村居民点景观破碎度逐渐降低，连通性提高，形状越来越规则；交通用地景观破碎度增加，连通性提高，形状偏离正方形；未利用地在扬州市分布极少，因而研究时段景观指数测度结果精确度不高，差异也并不显著。区域景观格局幅度效应研究结果表明，研究区分割幅度小于3000米时，各景观格局指数的空间规律会被小尺度的局部规律掩盖；分割幅度大于3000米时，景观格局指数分析会损失较多的空间规律信息,因此3000米分割幅度对于研究区景观系统而言是较好的分析尺度,故可将研究区划分为3000×3000米幅度的287个网格,用于城镇建设用地扩张的景观格局效应分析中。

2. 城镇建设用地扩张特征及驱动机制

城镇建设用地扩张内部特征分析表明,2005—2013年,扬州市城镇建设用地景观破碎度逐渐降低,连通性提高,形状越来越规则;各区(县、市)城镇建设用地景观格局变化存在明显差异。城镇建设用地扩张外部特征分析表明,研究区城镇建设用地规模以中心城区为主要扩张核心区,同时存在仪征市真州镇、高邮市高邮镇与经济开发区、宝应县开发区等次级扩张核心区。随着时间推移,不同扩张核心区城镇建设用地扩张规模存在差异;扬州市城镇建设用地扩张强度在不同时段扩张核心区一致,围绕扩张核心区的集聚扩张特征表现明显;城镇建设用地扩张方向分析表明,南部与西南部地区城镇建设用地扩张强度明显高于北部地区,由市中心向外推进,表现为城镇建设用地"蛙跳式"扩张,形成多个次级波峰。城镇建设用地扩张影响机制研究结果表明,按综合作用大小,城镇建设用地扩张影响因子依次为到市中心距离、经济发展、人口增长、交通通达度、技术水平、政策制度、禀赋特征。其中,到市中心距离、交通通达度、人口增长、经济发展的直接通径系数大于其间接通径系数,是直接影响因子。禀赋特征、技术水平、政策制度的间接通径系数大于其直接通径系数,通过其他影响因素间接影响城镇建设用地规模,具有滞后效应;禀赋特征直接促进城镇建设用地扩张,但又通过区位条件、交通条件、人口增长等中介变量间接抑制城镇建设用地扩张;技术水平直接抑制城镇建设用地扩张,但以区位条件、交通条件、人口增长为中介变量间接促进城镇建设用地扩张;政策制度直接与间接地促进城镇建设用地扩张,主要通过区位条件、交通条件、人口增长、经济发展等中介变量间接促进城镇建设用地扩张。

3. 城镇建设用地变化的景观格局效应

城镇建设用地扩张的景观格局效应研究结果表明，扬州市城镇建设用地扩张过程中，耕地是扬州市城镇建设用地扩张的首要来源，其次为农村居民点和水域，分别占城镇建设用地扩张总量的55.73%、27.91%与8.39%。城镇建设用地扩张强度对景观格局的影响结果表明，城镇建设用地扩张强度提高，会造成景观水平的破碎度降低，景观连通性上升，景观多样性降低；对耕地、林地、水域、农村居民点的影响较为显著，造成耕地、林地、水域景观破碎度提高，斑块连通性下降、形状规则化；农村居民点景观破碎度降低、连通性提高、形状趋于规则。在城镇建设用地扩张主要方向上，城镇建设用地开发造成以城镇建设用地为基质的景观破碎度降低、连通性增强，景观多样性降低；受影响最大的景观类型是耕地、水域、农村居民点，其他景观类型由于分布较少，受影响较小。在城镇建设用地扩张主要方向上，城镇建设用地扩张造成耕地、水域景观的破碎度减小，形状趋于规则，连通性降低，农村居民点景观伴随城镇建设用地扩张呈现出破碎度降低、形状规则、连通性提高的特征。

4. 基于景观安全格局的城镇建设用地扩张多情景模拟

城镇建设用地扩张模拟结果表明，不同情景下的城镇建设用地模拟扩张占用其他景观的规模不同，但均占用农村居民点规模最大。其中，在惯性发展情景下，模拟新增城镇建设用地以布局在低景观安全格局为主，占用耕地、水域、林地规模较大；在基本保障情景下，模拟新增的城镇建设用地主要布局在中景观安全格局区域，较惯性发展情景比，占用耕地规模增加，占用水域、林地规模减小；最优保护情景与惯性发展情景、基本保障景观安全格局情景相比，占用耕地规模略大但集中于高景观安全格局区，新增占用水域规模、林地规模降低。不同情景下的景观格局也存在差异，在惯性发展情景下，景观格局变化一定程度上有利于促进城镇化发展，但不利于耕地机械化生产，影响林地、水域生态服务功能；在基本保障情景下，景观格局变化一定程度上有利于城乡社会经济发展，对非人工景观的破坏程度较惯性发展情景降低；在最优保护情景下，景观格局变化更有利于区域社会、经济及生态发展。在惯性发展情景下，应适当规划生态基础设施，严格划定永久性基本农田；在基本保障情景下，应充分发挥景观安全格局的生态底线功能，引导城镇建设用地合理开发与布局；在最优保护情景下，可通过存量建设用地挖潜等措施提高土地集约利用水平。

第二节　政策建议

1. 加大基础设施建设力度

交通通达度是影响城镇建设用地扩张的重要因素，以交通为代表的基础设施完善与建设，可改善扬州市居民的出行便利度，引导人口集聚，提高土地集约利用水平，增加土地价值，引导城镇建设用地合理布局。因此，扬州市应科学规划并统筹安排交通用地，促进扬州市中心城区与周边建制镇、村庄的交通基础设施建设，提高中心城区的辐射作用，实现其他区域承接中心城区产业转移福利，推进产业组团间的交流与合作，合理控制交通用地规模，将交通用地布局在生态敏感区外，以引导城镇建设用地有序扩张。

2. 提高土地集约利用程度

土地资源的有限性决定了不能依靠规模扩张来满足城镇建设用地需求，应通过土地集约利用缓解土地供需矛盾。但研究表明土地集约利用并未成为影响扬州市城镇建设用地扩张的约束因子，因此应通过提高土地集约利用程度缓解城镇建设用地扩张。扬州市可通过低效城镇建设用地改造、存量闲置城镇建设用地盘活等方式，挖潜城镇建设用地，推进城镇建设用地立体开发，提高城镇建设用地利用效率；同时借助农村居民点整理、"城乡建设用地增减挂钩"等手段，为城市发展提供用地保障（王丰龙等，2013），减少城镇建设用地扩张对林地、水域等重要生态景观的占用。

3. 推进科学技术进步

技术水平直接抑制城镇建设用地规模增长，但技术水平较高区域集中于中心城区，区位条件优越，城镇人口较多，经济发展相对迅速，会间接促进城镇建设用地规模不断增长。因此，扬州市政府应继续推进区域技术水平的提高，同时注重合理配置高新技术产业用地，外迁位于中心城区的部分高新技术产业，缓解中心城区城镇建设用地的供给压力，通过技术进步推进产业结构升级，降低对城镇建设用地的需求，同时借助技术进步推进未利用地开发改造，增加城镇建设用地供给来源。

4. 合理调整人口布局

人口增长是促进扬州市城镇建设用地扩张的重要影响因子，因此应以人口布局为基本立足点调控城镇建设用地规模，按照"地随人走"的城镇建设用地配置原则，结合"城乡建设用地增减挂钩"政策，在人口城镇化过程中，合理将农村居民点用地指标转换为城镇建设用地指标，为城镇建设用地发展提供经济供给来源，并统筹安排区域人口规模、布局、流向，避免人口集聚在生态环境保护区，以合理配置城镇建设用地布局，提升土地利用效率。

5. 促进产业结构优化升级

研究表明经济发展是影响扬州市城镇建设用地扩张的重要因素。当前，扬州市的产业结构整体趋势为"二、三、一"模式，第二产业在当前以及未来一段时间内将占据主导地位。扬州市应努力转变经济增长方式，注重产业结构优化升级，积极推进"退二进三"进度,加大第三产业发展力度,降低第二产业资源消耗总量;注重优化产业布局,升级或外迁具有环境危害的产业,降低经济增长对城镇建设用地的过度依赖。

6. 健全土地管理制度

地方政府为追求"土地财政"、满足地方行政领导的政绩需求,直接、间接地促进了城镇建设用地扩张。因此,应健全土地管理制度,通过规划与制度等方式约束地方政府土地出让行为、完善土地征收方式,重视区位、交通及经济条件较好区域的存量城镇建设用地再利用;加快推进财政体制改革,调整完善土地出让制度,打破政府土地供给的垄断格局;同时,可合理开征地方债,建立完善的地方税收体系,保障地方财政收入的平稳增长,寻求"土地财政"困境的有效解决路径(孔伟等,2014)。

7. 注重粮食安全保护

以耕地保有量为表征的区域禀赋特征虽影响城镇建设用地的经济供给,但耕地保有量较高区域的区位条件较差,城镇人口规模也比较小,会显著抑制城镇建设用地的扩张,因此政府可结合"城乡建设用地增减挂钩""万顷良田"等政策,优化耕地和基本农田布局,在城镇发展区域周边配置一定规模的耕地,发挥其生态隔离作用,合理控制城镇建设用地扩张。

8. 加强土地利用规划调控

土地利用总体规划与城市总体规划决定了城镇建设用地布局,扬州市应积极推进"多规合一"政策,探索将《江苏省重要生态功能保护区区域规划》《扬州生态市建设规划》等重要生态保护类规划与《扬州市土地利用总体规划》《扬州市城市总体规划》结合,强化土地用途管制,充分发挥规划的权威性与时效性,引导城镇建设用地扩张布局、时序与规模,提高城镇建设用地空间配置的科学性,避免对生态环境的不可逆破坏。

参考文献

一　中文文献

（一）著作类

［美］安杰尔·什洛莫：《城市星球》，贺灿飞等译，科学出版社2015年版。

毕宝德：《土地经济学》（第5版），中国人民大学出版社2006年版。

傅伯杰等：《景观生态学原理及应用》，科学出版社2011年版。

郭晋平：《景观生态学》，中国林业出版社2007年版。

李小建：《经济地理学》，高等教育出版社2002年版。

刘建国主编：《当代生态学博论》，中国科学技术出版社1992年版。

刘书楷、曲福田：《土地经济学》，中国农业出版社2002年版。

史培军等：《土地利用/覆盖变化研究的方法与实践》，科学出版社2000年版。

王万茂：《土地利用规划学》，科学出版社2008年版。

王万茂：《土地资源管理学》，高等教育出版社2010年版。

王云才：《景观生态规划原理》，中国建筑工业出版社2014年版。

邬建国：《景观生态学：格局、过程、尺度与等级》（第2版），高等教育出版社 2007 年版。

许学强、周一星、宁越敏:《城市地理学》(第 2 版),高等教育出版社 2009 年版。

[德] 约翰·冯·杜能:《孤立国同农业和国民经济的关系》,吴衡康译,商务印书馆 1986 年版。

(二) 期刊类

曹广忠、白晓:《中国城镇建设用地经济密度的区位差异及影响因素——基于 273 个地级及以上城市的分析》,《中国人口·资源与环境》2010 年第 2 期。

陈虹等:《南京城市扩展过程中聚落斑块的行为特征》,《生态学杂志》2008 年第 1 期。

陈吉江、赵翔:《水域生态环境保护与管理经济手段的费用效益探讨》,《水利经济》2009 年第 5 期。

陈江龙等:《南京大都市区建设用地扩张特征与机理》,《地理研究》2011 年第 10 期。

陈利顶、傅伯杰:《黄河三角洲地区人类活动对景观结构的影响分析——以山东省东营市为例》,《生态学报》1996 年第 4 期。

陈利顶等:《景观生态学中的格局分析:现状、困境与未来》,《生态学报》2008 年第 11 期。

陈利根等:《经济发展、产业结构调整与城镇建设用地规模控制——以马鞍山市为例》,《资源科学》2004 年第 6 期。

陈伟强等:《基于约束性 CA 模型的城市开发边界划定方法》,《农业工程学报》2017 年第 4 期。

陈文波等:《景观指数分类、应用及构建研究》,《应用生态学报》2002 年第 1 期。

陈莹、谭术魁、张安录:《基于供需理论的土地征收补偿研究——以湖北省为例》,《经济地理》2010 年第 2 期。

陈宇琼、钟太洋：《中国地方政府土地租税收入变化对城市建设用地扩张的影响》，《中国土地科学》2016年第2期。

陈玉福、董鸣：《生态学系统的空间异质性》，《生态学报》2003年第2期。

陈玉福、孙虎、刘彦随：《中国典型农区空心村综合整治模式》，《地理学报》2010年第6期。

陈玉福、谢庆恒、刘彦随：《中国建设用地规模变化及其影响因素》，《地理科学进展》2012年第8期。

邓胜华等：《基于对应分析的城市建设用地扩张研究——以武汉市为例》，《资源科学》2010年第9期。

丁宏伟、王贵玲、黄晓辉：《红崖山水库径流量减少与民勤绿洲水资源危机分析》，《中国沙漠》2003年第1期。

段学军等：《南通市城镇建设用地扩展时空特征分析与模拟》，《长江流域资源与环境》2009年第2期。

冯科等：《杭州市土地利用总体规划的建设用地控制成效研究——界线评价法的引进与实践》，《自然资源学报》2010年第3期。

付莲莲、邓群钊、翁异静：《国际原油价格波动对国内农产品价格的传导作用量化分析——基于通径分析》，《资源科学》2014年第7期。

傅丽华等：《基于小波分析长株潭核心区土地利用变化尺度特征研究》，《地理科学》2012年第1期。

高金龙等：《南京市区建设用地扩张模式、功能演化与机理》，《地理研究》2014年第10期。

高玉宏等：《基于空间模型和CA的城市用地扩展模拟研究——以大庆市为例》，《地理科学》2010年第5期。

顾汉龙、冯淑怡、王秋兵：《市场机制引入对城镇新增建设用地配置效率的影响》，《中国人口·资源与环境》2017年第7期。

胡望舒、王思思：《基于焦点物种的北京市生物保护安全格局规划》，《生态学报》2010年第16期。

胡银根等：《基于供需视角的城乡建设用地扩张与配置的驱动力》，《经济地理》2016年第6期。

黄大全、金浩然、赵星烁：《四类城市建设用地扩张影响因素研究——以北京市昌平区为例》，《资源科学》2014年第3期。

黄金川等：《基于城市空间增长模拟的城镇规模体系预测——以常州市为例》，《经济地理》2017年第10期。

姜海、曲福田：《县域建设用地集约水平影响因素计量分析——以江苏省为例》，《中国土地科学》2008年第8期。

瞿诗进等：《长江中游经济带城镇建设用地转型的时空特征》，《资源科学》2017年第2期。

孔伟、郭杰、欧名豪：《不同经济发展水平下的建设用地集约利用及区域差别化管控》，《中国人口·资源与环境》2014年第4期。

黎晓亚等：《区域生态安全格局：设计原则与方法》，《生态学报》2004年第5期。

李焕等：《生态用地配置对土地集约利用影响的通径分析——以浙江省开发区为例》，《中国土地科学》2011年第9期。

李建军、肖育才：《经济开放对地方财政收入规模及结构的影响实证分析》，《公共管理学报》2011年第3期。

李涛、邹一南、谷继建：《城市用地扩张中地方政府的土地财政行为选择与制度优化——基于土地收益与供求的分析》，《中国行政管理》2015年第2期。

李雪梅等：《天山南北坡气象因子对出山口径流影响通径分析——以开都河和玛纳斯河流域为例》，《资源科学》2012年第4期。

李贞等：《广州市城郊景观的生态演化分析》，《应用生态学报》1997年第6期。

梁发超、刘诗苑、刘黎明：《近 30 年厦门城市建设用地景观格局演变过程及驱动机制分析》，《经济地理》2015 年第 11 期。

梁华、马小刚：《土地供给制度、经济增长与宏观调控——基于文献研究》，《生态经济》2010 年第 1 期。

刘桂林、张落成、张倩：《苏南地区建设用地扩展类型及景观格局分析》，《长江流域资源与环境》2014 年第 10 期。

刘国顺等：《基于 GIS 的缓坡烟田土壤养分空间变异研究》，《生态学报》2013 年第 8 期。

刘琼等：《基于脱钩情景的中国建设用地总量管控目标分析》，《南京农业大学学报》（社会科学版）2014 年第 2 期。

刘琼等：《不同类型土地财政收入与城市扩张关系分析——基于省际面板数据的协整分析》，《中国人口·资源与环境》2014 年第 12 期。

刘瑞等：《基于 Logistic 回归模型的德州市城市建设用地扩张驱动力分析》，《资源科学》2009 年第 11 期。

刘世梁等：《基于景观连接度的土地整理生态效应评价》，《生态学杂志》2012 年第 3 期。

刘涛、曹广忠：《中国城市用地规模的影响因素分析——以 2005 年县级及以上城市为例》，《资源科学》2011 年第 8 期。

刘云刚、殷冠文：《地方政府主导的土建城市化：以鹤壁市为例》，《地理科学进展》2010 年第 7 期。

龙花楼：《中国农村宅基地转型的理论与实证》，《地理学报》2006 年第 10 期。

龙瀛等：《综合约束 CA 城市模型：规划控制约束及城市增长模拟》，《城市规划学刊》2008 年第 6 期。

鲁春阳、文枫、杨庆媛：《城市土地利用结构影响因素的通径分析——以重庆市为例》，《地理科学》2012 年第 8 期。

鹿心社：《论中国土地整理的总体方略》，《农业工程学报》2002年第1期。

吕晓等：《土地利用规划对建设用地扩张的管控效果分析——基于一致性与有效性的复合视角》，《自然资源学报》2015年第2期。

吕志强、吴志峰、张景华：《基于最佳分析尺度的广州市景观格局分析》，《地理与地理信息科学》2007年第4期。

马嘉军、唐丽娟：《土地利用景观格局对城市扩张影响研究》，《黑龙江科技信息》2010年第16期。

马克明等：《区域生态安全格局：概念与理论基础》，《生态学报》2004年第4期。

马世发、艾彬：《基于地理模型与优化的城市扩张与生态保护二元空间协调优化》，《生态学报》2015年第17期。

孟霖、郭杰、欧名豪：《基于适宜性和潜力分析的徐州市农村居民点整理分区管制研究》，《资源科学》2014年第11期。

倪超等：《黑龙江省耕地集约利用驱动因素分析》，《水土保持研究》2014年第3期。

倪绍祥、谭少华：《近年来我国土地利用/覆盖变化研究的进展》，中国地理学会自然地理专业委员会、土地覆被变化及其环境效应学术会议论文集，2002年。

彭月等：《大都市卫星城镇用地扩张及其驱动力分析——重庆市北碚区为例》，《资源科学》2011年第4期。

秦鹏、董玉祥、李裕梨：《广州市城镇用地扩展及预测分析》，《资源科学》2012年第10期。

渠爱雪、卞正富：《徐州市城市建设用地空间格局特征及其演化》，《地理研究》2011年第10期。

渠爱雪、仇方道：《徐州城市建设用地扩展过程与格局研究》，《地理科学》2013年第1期。

舒帮荣等:《不同职能城市建设用地扩张及其驱动力研究——基于中国137个地级以上城市的考察》,《南京农业大学学报》(社会科学版)2014年第2期。

孙波、赵其国、间国年:《低丘红壤肥力的时空变异》,《土壤学报》2002年第2期。

孙娟等:《基于缓冲带的贵港市城市景观格局梯度分析》,《生态学报》2006年第3期。

孙君等:《基于ArcGIS的洪水淹没分析与三维模拟》,《城市地质》2012年第3期。

谈明洪、李秀彬、吕昌河:《20世纪90年代中国大中城市建设用地扩张及其对耕地的占用》,《中国科学》2004年第12期。

王博等:《基于多情景分析的中国建设用地总量控制目标选择》,《中国人口资源与环境》2014年第3期。

王丰龙、刘云刚:《中国城市建设用地扩张与财政收入增长的面板格兰杰因果检验》,《地理学报》2013年第12期。

王海鹰、张新长、康停军:《基于GIS的城市建设用地适宜性评价理论与应用》,《地理与地理信息科学》2009年第1期。

王宏志等:《江汉平原建设用地扩张的时空特征与驱动力分析》,《长江流域资源与环境》2011年第4期。

王晋年等:《苏南地区典型城镇工矿建设用地扩展的时空分异》,《应用生态学报》2011年第3期。

王思易、欧名豪:《基于景观安全格局的建设用地管制分区》,《生态学报》2013年第14期。

王婉晶等:《基于空间吻合性的土地利用总体规划实施评价方法及应用》,《农业工程学报》2013年第4期。

王伟武等:《近18年来杭州城市用地扩展特征及其驱动机制》,《地理研究》2009年第3期。

韦薇等：《快速城市化进程中城市扩张对景观格局分异特征的影响》，《生态环境学报》2011年第1期。

邬建国：《景观生态学——概念与理论》，《生态学杂志》2000年第1期。

吴巍等：《中心城区城市增长的情景模拟与空间格局演化——以福建省泉州市为例》，《地理研究》2013年第11期。

吴先华、齐相贞：《江苏省耕地转化为建设用地的经济学分析》，《地理与地理信息科学》2004年第6期。

郗凤明等：《辽宁中部城市群城市增长时空格局及其驱动力》，《应用生态学报》2010年第3期。

肖笃宁、布仁仓：《生态空间理论与景观异质性》，《生态学报》1997年第5期。

谢高地等：《一个基于专家知识的生态系统服务价值化方法》，《自然资源学报》2008年第5期。

徐春华等：《基于通径分析的兰州北山三种典型植物光合作用影响因子》，《生态学杂志》2015年第5期。

薛东前、王传胜：《城市群演化的空间过程及土地利用优化配置》，《地理科学进展》2002年第2期。

薛冬冬等：《基于地统计分析的南京钟山风景区景观格局尺度效应分析》，《西南林业大学学报》2012年第1期。

阳文锐：《北京城市景观格局时空变化及驱动力》，《生态学报》2015年第13期。

杨丽等：《泾河流域景观指数的粒度效应分析》，《资源科学》2007年第2期。

杨显明、焦华富、许吉黎：《煤炭资源型城市空间结构演化过程、模式及影响因素——基于淮南市的实证研究》，《地理研究》2015年第3期。

杨杨等：《中国建设用地扩展的空间动态演变格局——基于 EBI 和 EBIi 的研究》，《中国土地科学》2008 年第 1 期。

杨子生：《山区城镇建设用地适宜性评价方法及应用——以云南省德宏州为例》，《自然资源学报》2016 年第 1 期。

姚华荣、吴绍洪、杨勤业：《首都圈易起沙土地的合理转型》，《地理科学进展》2003 年第 4 期。

俞孔坚等：《新农村建设规划与城市扩张的景观安全格局途径——以马岗村为例》，《城市规划学刊》2006 年第 5 期。

俞孔坚等：《基于生态基础设施的城市空间发展格局——"反规划"之台州案例》，《城市规划》2005 年第 9 期。

俞孔坚等：《基于景观安全格局分析的生态用地研究——以北京市东三乡为例》，《应用生态学报》2009 年第 8 期。

俞孔坚等：《北京城市扩张的生态底线——基本生态系统服务及其安全格局》，《城市规划》2010 年第 2 期。

俞孔坚等：《北京市生态安全格局及城市增长预景》，《生态学报》2009 年第 3 期。

俞孔坚、张蕾：《基于生态基础设施的禁建区及绿地系统——以山东菏泽为例》，《城市规划》2007 年第 12 期。

岳文泽等：《不同尺度下城市景观综合指数的空间变异特征研究》，《应用生态学报》2005 年第 11 期。

曾辉、姜传明：《深圳市龙华地区快速城市化过程中的景观结构研究——林地的结构和异质性特征分析》，《生态学报》2000 年第 3 期。

曾馨漫、刘慧、刘卫东：《京津冀城市群城市用地扩张的空间特征及俱乐部收敛分析》，《自然资源学报》2015 年第 12 期。

翟腾腾、郭杰、欧名豪：《基于相对资源承载力的江苏省建设用地管制分区研究》，《中国人口·资源与环境》2014 年第 2 期。

张驰等：《南京市城市化过程中聚落动态的热点分析》，《生态学杂志》2009年第3期。

张洪等：《滇池流域建设用地景观格局与滇池水质关系分析》，《水土保持通报》2013年第4期。

张利等：《基于不同种类生态安全的土地利用情景模拟》，《农业工程学报》2015年第5期。

张琳等：《不同经济发展水平下的耕地利用集约度及其变化规律比较研究》，《农业工程学报》2008年第1期。

张文新：《论城市土地储备的理论基础》，《城市发展研究》2004年第2期。

张翔等：《汉江流域土地利用/覆被变化的水文效应模拟研究》，《长江流域资源与环境》2014年第10期。

张雅杰、金海：《长江中游地区城市建设用地利用效率及驱动机理研究》，《资源科学》2015年第7期。

张耀宇、陈会广、陈利根：《长江经济带城市群土地财政的供求驱动分析与差别化治理》，《经济地理》2016年第2期。

赵可等：《不同经济发展阶段下城市用地扩张与土地财政收入关系研究——基于264个城市的实证》，《华中农业大学学报》（社会科学版）2015年第4期。

赵可、张安录、徐卫涛：《中国城市建设用地扩张驱动力的时空差异分析》，《资源科学》2011年第5期。

赵乐等：《浙江东部沿海城市建设用地空间结构分析》，《经济地理》2010年第3期。

赵渺希、李欣建、王慧芹：《中国城镇化进程与建设用地消耗的趋势初探》，《中国人口·资源与环境》2016年第1期增刊。

赵文武、傅伯杰、陈利顶：《景观指数的粒度变化效应》，《第四纪研究》2003年第3期。

赵志威等：《基于城镇扩展适宜性的城镇建设用地保障研究——以长春市为例》，《经济地理》2017年第7期。

郑荣宝、董玉祥、陈梅英：《基于GECM与CA+ANN模型的土地资源优化配置与模拟》，《自然资源学报》2012年第3期。

周华锋、马克明、傅伯杰：《人类活动对北京东灵山地区景观格局影响分析》，《自然资源学报》1999年第2期。

朱会义、李秀彬：《关于区域土地利用变化指数模型方法的讨论》，《地理学报》2003年第5期。

朱家彪、杨伟平、粟卫民：《基于多元逐步回归与通径分析的临澧县建设用地驱动力研究》，《经济地理》2008年第3期。

朱明等：《上海市景观格局梯度分析的空间幅度效应》，《生态学杂志》2006年第10期。

（三）论文类

蔡青：《基于景观生态学的城市空间格局演变规律分析与生态安全格局构建》，博士学位论文，湖南大学，2012年。

陈荣蓉：《重庆丘陵山区农村土地整治工程及其景观效应》，博士学位论文，西南大学，2012年。

范晓锋：《基于ANN-CA模型的珲春市土地利用格局模拟研究》，硕士学位论文，吉林大学，2016年。

高凯：《多尺度的景观空间关系及景观格局与生态效应的变化研究》，博士学位论文，华中农业大学，2010年。

李昶：《我国特大城市建设用地变化特征及其影响因素研究》，硕士学位论文，重庆大学，2013年。

李效顺：《基于耕地资源损失视角的建设用地增量配置研究》，博士学位论文，南京农业大学，2010年。

刘德林：《黄土高原上黄小流域土地利用格局动态变化与生态功能区研究》，博士学位论文，中国科学院研究生院，2010年。

牟秋蔷：《GIS 空间分析在森林资源二类调查数据管理中的应用研究》，硕士学位论文，西安科技大学，2011 年。

王思易：《基于景观安全格局的建设用地管制分区》，硕士学位论文，南京农业大学，2013 年。

徐辉：《基于遥感和 GIS 的京津冀都市圈城乡建设用地变化分析》，硕士学位论文，首都师范大学，2008 年。

徐霞：《我国城市土地集约利用经济学分析》，博士学位论文，河海大学，2007 年。

许倍慎：《江汉平原土地利用景观格局演变及生态安全评价》，博士学位论文，华中师范大学，2012 年。

薛冬冬：《基于最佳尺度和相似度理论的绿地景观动态变化分析》，硕士学位论文，南京林业大学，2012 年。

杨洁荣：《过程能力指数及两种转换方法的探讨》，硕士学位论文，燕山大学，2010 年。

二　英文文献

（一）专著类

Hsing, Y. T., *The Great Urban Transformation: Politics of Land and Property in China*, New York: Oxford University Press, 2010.

（二）期刊类

Bruland, G. L., Richardson, C. J., "A Spatially Explicit Investigation of Phosphorus Sorption and Related Soil Properties in Two Riparian Wetlands", *Journal of Environmental Quality*, Vol. 33, No. 2, 2004.

Burrough, P. A., "GIS and Geostatistics: Essential Partners for Spatial Analysis", *Environmental and Ecological Statistics*, Vol. 8, No. 4,

2001.

Carlson, T. N., Arthur, S. T., "The Impact of Land Use-Land Cover Changes Due to Urbanization on Surface Microclimate and Hydrology: a Satellite Perspective", *Global and Planetary Change*, Vol. 25, No. 1, 2000.

Gustafson, E. J., "Quantifying Landscape Spatial Pattern: What Is the State of the Art?" *Ecosystems*, Vol. 1, No. 2, 1998.

Hannes, P., "Landscape Sensitivity Changes in Estonia", *Landscape and Urban Planning*, Vol. 41, No. 1, 1998.

Hansen, G. D., Prescott, E. C., "Malthus to Solow", *American Economic Review*, Vol. 92, No. 4, 2002.

Hietala-Koivu, R., "Agricultural Landscape Change: a Case Study in Yläne, Southwest Finland", *Landscape and Urban Planning*, Vol. 46, No. 1, 1999.

Huang, S., Lai, H., Lee, C., "Energy Hierarchy and Urban Landscape System", *Landscape and Urban Planning*, Vol. 53, 2001.

Jane Southworth Darla Munroe, Harini Nagendra, "Land Cover Change and Landscape Fragmentation-Comparing the Utility of Continuous and Discrete Analyses for a Western Honduras Region", *Agriculture, Ecosystems and Environment*, Vol. 101, No. 2, 2003.

Juang, K. W., Lee, D. Y., Ellsworth, T. R., "Using Rank-Order Geostatistics for Spatial Interpolation of Highly Skewed Data in a Heavy-Metal Contaminated Site", *Journal of Environmental Quality*, Vol. 30, No. 3, 2001.

Kessides, C., "The Urban Transition in Sub-Saharan Africa: Implications for Economic Growth and Poverty Reduction", *Urban Development Unit, The World Bank*, Vol. 10, No. 5, 2005.

Kok, K., Farrow, A., Veldkamp, A. et al., "A Method and Application of Multi-Scale Validation in Spatial Land Use Models", *Agriculture, Ecosystems and Environment*, Vol. 85, No. 1, 2001.

Levin, S. A., "The Problem of Pattern and Scale in Ecology: The Robert H. MacArthur Award Lecture", *John Wiley & Sons, Ltd.*, Vol. 73, No. 6, 1992.

Li, H., Reynolds, J. F., "On Definition and Quantification of Heterogeneity", *Oikos*, Vol. 73, No. 2, 1995.

Li, X., Yeh, A. G., "Data Mining of Cellular Automata's Transition Rules", *International Journal of Geographical Information Science*, Vol. 18, No. 8, 2004.

Li, X., Yeh, A. G., "Neural-Network-Based Cellular Automata for Simulating Multiple Land Use Changes Using GIS", *International Journal of Geographical Information Science*, Vol. 16, No. 4, 2002.

Lin, G. C. S., Yi, F. X., "Urbanization of Capital or Capitalization on Urban Land? Land Development and Local Public Finance in Urbanizing China", *Urban Geography*, Vol. 32, No. 1, 2011.

Liu, Y., Yue, W., Fan, P., "Spatial Determinants of Urban Land Conversion in Large Chinesecities: a Case of Hangzhou", *Environment and Planning B: Planning and Design*, Vol. 38, No. 4, 2011.

Longcore, T. R., Rees, P. W., "Information Technology and Downtown Restructuring: the Case of New York City's Financial District", *Urban Geography*, Vol. 17, No. 4, 2013.

Redman, C. L., "Human Dimensions of Ecosystem Studies", *Ecosystems*, Vol. 2, No. 4, 1999.

Schneider, D. C., "The Rise of the Concept of Scale in Ecology", *BioScience*, Vol. 51, No. 7, 2001.

Seto, K. C., Güneralp, B., Hutyra, L. R., "Global Forecasts of Urban Expansion to 2030 and Direct Impacts on Biodiversity and Carbon Pools", *Proceedings of the National Academy of Sciences of the United States of America*, Vol. 109, No. 40, 2012.

Swenson, J. J., Franklin, J., "The Effects of Future Urban Development on Habitat Fragmentation in the Santa Monica Mountains", *Landscape Ecology*, Vol. 15, No. 8, 2000.

Trangmar, B. R. S., "Application of Geo-Statistics to Spatial Studies of Soil Properties", *Advanced Agronomy*, Vol. 38, 1986.

Wu, J., David, J. L., "A Spatially Explicit Hierarchical Approach to Modeling Complex Ecological Systems: Theory and Applications", *EcologicalModelling*, Vol. 153, No. 1, 2002.

Wu, J. J., "Environmental Amenities, Urbansprawl, and Community Characteristics", *Journal of Environmental Economics and Management*, Vol. 52, No. 2, 2006.

Yrh, A. G. O., Li, X., "Measurement and Monitoring of Urban Sprawl in a Rapidly Growing Region Using Entropy", *Photogrammetric Engineering and Remote Sensing*, Vol. 67, No. 1, 2001.